ナショナリズムと政治意識

「右」「左」の思い込みを解く

中井遼

光文社新書

はじめに

21世紀、冷戦が終わり、国際化・グローバル化が進み、ヨーロッパではEUという地域統合プロジェクトがますます深化拡大する中で、世界の政治は、外国人排斥や反グローバリズム、そして時には戦争という、しばしば「ナショナリズム」と結びつけられ形容される現象に染められています。そしてこのような政治の動きに対して、「保守化」「右傾化」といった表現がされることがあります。これは適切なのでしょうか？

初めに考えなければいけないことが、いくつかあります。まず、ナショナリズムとは何なのでしょうか。それは、文化（や言語や生活習慣など）を共有する人々同士が何かしら政治的な決定権をもって自分たちの物事を決めていきたいという想いや主張、あるいはそれを求める運動であると説明されることが多いように思われます。しかし、それがどのような形態をもって現れるかは一様ではありません。

次に、「右」「左」という言葉がよく用いられますが、その意味するところもまた多義的です。後ほど詳しくみていくように、20世紀の多くの期間にあっては、もっぱら経済（に対する国家の役割）に対する主義主張の違いをもって「左右」の語が用いられてきました。しかし、今日《こんにち》、私たちが右傾化とか右翼政党の台頭という時に、イメージするのは、経済でもっぱら市場原理主義を求めている、という意味とは限らないでしょう。むしろ、国家とか共同体とか、あるいは伝統的な生活習慣の希求や、それを共有しない外国（人）勢力に対する敵対的な感情といったものがイメージされると思います。

たしかにナショナリズムには共同体全体の利益を考慮しようという側面があります。また、国民国家体制が前提であった社会からみれば、そのようなナショナリズムの運動を維持することは、既存の社会秩序を維持しようとする保守的な態度と結びつきます。そういった意味で、ナショナリズムを、社会文化次元における保守志向・共同体志向の極に設置することで、「右翼」とみなすことは自然にも思えます。

ですが、ナショナリズムを追求することがこれまでの伝統や秩序を打破する方向に向かう場合はどうでしょうか。たとえばスペインでは、独自の言語や文化を持つと主張するカタルーニャの人々が独立運動を展開していましたが、その人たちは右翼だったのでしょうか、左翼だったのでしょうか？　それを押しとどめ既存のスペイン国民国家体系を堅持したい人たちは？　イギリスからの自治・独立を求めるスコットランドの主張は左右どちらでしょう？　仮に日本で、ある地域が独立運動を展開するとして、その勢力は「右翼」でしょうか、それとも「左翼」でしょうか。このように考えた時、ナショナリズムを追求する主義や運動が、簡単に右翼とラベリングしがたい多義性を持っていることがわかるだろうと思います。

　ナショナリズムを通じて政治意識の連関を考える時、ナショナリズムの反対側を考えてみることも重要な営みです。よく聞かれる一つの考え方として、ナショナリズムの反対側に、グローバリゼーションを置く見解があります。[1]　ですが、この両者は必ずしも相互排他的ではありません。国連（the United Nations）も国際主義（Internationalism）も、nation（国民／国家）を前提としています。むき出しの力の行使による現状変更を許さない平和な国際秩序は、諸国民それぞれの自己統治と主権を認めることを前提に成り立っています。ナショナリズムvsグローバリズムという対立設定は、雑な整理を提示する際には役立つかもしれませんが、実証的・歴史的にみればあまり意味のある対立軸設定とはいえないというのが、今日的な理解でしょう。

ナショナルな共同体を重視するという視点の反対側には、個人主義や新しい価値観などが置かれるケースも多いようです。昨今の北米や日本の用法では、「リベラル」の語が当てられるようなコンセプトであるかもしれません。ただ「リベラル」の用語自体にも、非常に大きな多義性と混乱があります。近年、環境運動を展開するナショナリストもいれば、ＬＧＢＴ権利擁護の観点から反移民の言説を支持する人も増えてきていることが、わかってきています。リベラリズムとナショナリズムを対極に置くような考え方では、これらの現象は見通すことができません。本書では、こういった一見相反するような価値の間の接続関係にも着目していきます。

そもそも、ナショナリズムは権威主義なのでしょうか。そうみる向きも、あります。国民利害を強調し、非民主的な統治を行い、ユダヤ人迫害を行った、ファシズムの経験が強かったヨーロッパ（やアメリカ）では、ナショナリズムをして権威主義と結びつける警戒感もあります。他方、民主主義が自分たちのことを自分たちで決めるというシステムである以上、その「自分たち」を規定する背景が必要です。意見が分かれ賛否も分かれる中で、それでも

「自分たちで決めたことだから」と納得するためには、その自分たちが同じ政治的共同体メンバーであるというナショナリズムの幻想が不可欠です。ナショナリズムはむしろ民主主義を支える側面もあるわけです。

ところが、そのような共同体の自己決定の紐帯《ちゅうたい》からあぶれ出る少数派などは、どうしても多数決の論理に押しつぶされがちです。たとえば近年のハンガリーでは民主主義の後退が見られると議論されていますが、その実態をよく見てみると、民主的な選挙そのものは通常通り行われているけれども、多数決に抗する法の支配が切り崩されたり、同性愛者の権利や言論を抑圧するといったことが起きています。それを担っているのはナショナリズムや伝統的価値観に基づく政治勢力とその支持者で、その人たちは自分たちこそが民意を代弁しているのだから、それに意義を唱える方が反民主的だと主張しているわけです。安直に、ナショナリズム＝権威主義と捉えていると、こうした民主主義との関係の難しさを見落としてしまいます。

本書の目的は、「どこにでもへばりつき」「カメレオンのように」姿を変えるナショナリズムとの結びつきを通じて、様々な政治意識や政治イデオロギー間の関係性や位相を考えることにあります。その際本書は、言葉や論理で説明し、時には歴史的事実や現代の政治状況に触れますが、実証的な研究成果の裏付けがどうなっているのかを重視します。新書という媒体ではありますが、言及した箇所に参考文献への接続を明示していますので、意欲ある読者の方にはぜひ原典にも触れてみてほしいと思います。

本書を手に取るような人は、表題にあるような言葉になんとなく理解を持っていても、その相互の関係性に違和感や据わりの悪さを覚えている方か、すでにご自身なりにそれについての整理された理解を持っている方々だろうと思います。前者の方には、それを整理するきっかけを、後者の方には、混乱を与えることができればと考えています。

本書はナショナリズムや、特定の政治的主張を否定も肯定もしません。ただそれがどうなっているのか、データや事例をもとに、私たちの知見を広げることを目的としています。

一つだけお断りを入れておきます。本書はナショナリズムと政治意識の関係が多様であることを示すことを目的とします。どうしてそのように異なる結びつきがありうるか、その考えられる理由にも可能な範囲で触れます。しかし、Ａと結びつく時とＢと結びつく時があるという、分かれ道の原因については、あまり多くの分量を割いていません。それは多分に、まだ学術的に明らかになっていないことも多い領域であって、適当なことをいえないという理由が第一ですし、またそれ以上に、未来がどうなっていくか多様な可能性がある中で、決定論的にいえないことが多いという理由もあります。読者の皆さんが、こうではないか、ああではないか、と考える機会となればうれしく思いますし、そのための材料を本書がうまく提供できれば、本書の目的は達せられたといえるかと思います。

本書は光文社に属していた編集者の田頭晃氏から、２０２１年9月ごろに丁寧な企画をお持ち込みいただき執筆された本です。二人三脚で意見交換を繰り返しながら作り上げたものですが、筆者の怠惰と遅筆ゆえに原稿がなかなか完成しない中、田頭氏をめぐる状況が変わってしまい最後までご一緒することはできませんでした。彼の退社後は、髙橋恒星氏が立派に引継ぎをされ、本書が日の目を見ることができました。お二人に改めてお礼を申し上げます。

草稿にコメントをくださった大澤津、岡部みどり、隠岐理貴、上條諒貴、作内由子、東海林拓人、東島雅昌の各氏（あいうえお順・敬称略）、さらに研究会を組織してくださった東京大学国際政治セミナー関係の皆様、「国際化と市民の政治参加に関する世論調査」プロジェクト関係者の皆様にお礼申し上げます。もちろん、ありうる誤りの責任はすべて筆者にあります。

所属先であった北九州市立大学にも感謝しています。２０２１年秋学期に在外研修期間を取得したところコロナ禍やまず、結局は研修辞退という仕儀になったのですが、すでに授業調整と委員業務調整は終えていたため少々まとまった研究時間を頂き、本書のスタート準備に充てることができました（成果の一部は紀要として刊行しました）。初期のアイデアに率直な感想を寄せてくれた当時の政策科学科中井遼ゼミの学生諸氏にもお礼申し上げたいと思います。

新書という媒体は、幅広い層に読まれます。執筆時には、古い友人や家族の顔を思い出し架空の読者となってもらって原稿を直していきました。そんな彼／女らにも感謝をささげたいと思います。

２０２４年２月

ナショナリズムと政治意識

「右」「左」の思い込みを解く

――目次

第3章　ナショナリズムと政治的左右の結びつき　73

第1章

混乱する政治の左右とナショナリズム

ナショナリズムと混乱する政治の左右

世界の政治が右傾化しているとかナショナリズムに染まっているという声がある。ドイツやフランスでは反移民を掲げる政党が台頭し、アメリカ第一主義とその反発が政治を動かし、日本でも（事実か否かはさておき）社会の保守化や右傾化を懸念する声がある。イギリスは一国主義の立場からＥＵを脱退し、ハンガリーは自国の伝統とナショナリズムを主張しながら独裁化を進め民主主義を侵食し、ロシア連邦がむき出しの力でウクライナに侵攻している。

しかし、こういった現象を、単に右傾化・保守化・権威主義化という言葉でまとめていいのだろうか。そういった雑な言葉の使い方をしている限り、理解できない現象が世界にはたくさんある。デンマークでは２０１９年に「左派」の社会民主党が反移民の主張を掲げて、政権を奪取した。フランスでは、高学歴で若く多様な性志向の権利を擁護する「リベラルな」人たちが、ナショナリストの国民連合（旧：国民戦線）を支持しはじめている。[2] 韓国では左派政権にこそ対日強硬論を唱える人が多く、ソ連圧政下でリトアニアの民主化を求めた勢力は強烈なナショナリストたちだった。

なぜこのようなことを聞いて私たちは混乱するのか。おそらく二つの理由がある。左右という意味が曖昧であることと、ナショナリズムという現象が多様な顔を持つからである（そして一部は民主主義の問題とも関わる）。この本では、政治の「左右」とナショナリズムという二つの概念の相互の結びつきや、単純ではない関係について、整理することを目指す。

率直に言えば、右とか左という言葉は、曖昧だし混乱を招きやすい。それらは次章で詳しく触れるように、国や時代によって使われ方も違ったりする。話者の間で定義が共有されていないままに用いれば、お互いに同じ言葉を使っていても、別の意味で使っているという事態が起こりやすい。筆者も、普段大学で学生と対話する際には、あまり安直には使わないようにしている。また、時代遅れだという意見もある。ウォール・ストリート・ジャーナルは２０１７年に「現代世界の政治的イデオロギーの対立は、左か右かではなく、ナショナリストか否かにある」という記事を出していた。[3]

それでも、政治的な左右という言葉は、曖昧でありながらも、だからこそ「なんとなく」「おおよそ」政治勢力の主張や性質を理解するには便利である。見たことも聞いたこともない政治家や政党について、この政治家は左だ、とか、この政党は右よりだ、と言われれば、その主張の性質について、正確にはわからなくとも、おおよそのイメージをつかむにあたっては便利である。実際のところ、政治について世論調査やデータを使った実証的研究からわかっているのは、この「左右」というラベリングがいまでも多くの人にとって最も重要な政治情報であること、投票先の選択といまなお密接な関係にあること、特に高学歴層ほどその傾向が顕著であること、過去より現代の方がその重要性を増していること、などである。[4]

　左翼や右翼というラベリングはもはや古くて役立たずだと放棄せず、かといってこれこそが真の右翼・左翼の意味だとも決めつけず、いわば０か１００かの議論に陥らずに、もう少しこの言葉の意味に接近することにはまだ現代的な意義があるだろう。

　もう一つはナショナリズムの問題だ。きっと先ほどの一節を読んで混乱した方の中には、「ナショナリズム＝右派」という前提があったのではないだろうか？　しかし先に結論を示しておくと、政治的に右か左かということと、ナショナリズムはあまり関係がない。その定義や意味は本書の中で詳しく述べるとして、ナショナリズムとは、一言で言ってしまえば、同じ文化を共有する人々がいるという信念のもと、そういった同じ文化の人々で公的な営みを進めていきたい、という意識や運動のことである。本書が全体を通じて示したいのは、ナショナリズムに関わるような主張は多様性を持つ政治の意識であること、そしてまた、現代の政治を読み解く鍵となっているということである。実際、研究者の間では「ナショナリズムは自身の政治色を持たない」とか「ナショナリズムは薄いイデオロギーである」「どこにでもへばりつく」「カメレオンのように色を変える」などと表現されることがある。

　政治の対立や争点を、単純な左右の一つの評価軸だけで見ているとわからないことがたくさんある。そこに、ナショナリズムという別の次元を補助線として用いることで、現代の政治的対立への理解がクリアに見えてくることがある。もちろん、潜在的に使える補助線の中には、ナショナリズム以外にも様々なものがあるのかもしれない。しかし本書では特にナショナリズムとのつながりにフォーカスを当ててみることで、現代政治を彩る様々な政治現象を見ていくことにする。

　よくある「右翼≒ナショナリズム≒反リベラル≒権威主義」といった連想だけでは説明できない現象が多々あること、そういった連想が時に根拠に基づかない思い込みであることを示すのが本書のゴールである。もう少し正確に言えば、そうした連想がつながる国や時もあれば、そうではない国や時もある。それを示すことが着地点だ。同じ世論調査の中で使われている右や左といった言葉は、国や地域によって同じようにはイメージされていないかもしれない。そういった国際比較の中から、世界の人々の意識の多様性を見ることを通じて、政治をめぐる言葉の使われ方の多様性を実感し、翻って自分たちが政治を語る時の言葉の精度を高め、目線を複眼的にすることが重要となる。

他方で、国が違うから違うのだ、というトートロジー的な説明ばかりで終えたくもない。その際、地域ごとの多様性を大事にしつつも、共通して存在するような構造的背景や各国の違いを体系的に説明する要因にも目を向けたい。いわば、特殊と普遍のバランスをできるだけとっていこうと思う。

それは本書が読まれる日本という国の政治が、どういった特徴や普遍性を持つのか、ということの理解にもつながるだろう。本書を最後まで読めば、実は日本という国は世界的に見た時にあまり極端に強い特徴がない、よくある政治意見の散らばり方が見られる国だとわかるだろう。それが良いことなのか悪いことなのかの判断は読者にお任せする。

以下、本書では、この第1章で簡単にナショナリズムと政治的左右の意味を理解し、第2章でそれが持つ多様性や、様々な背景によって生じる違いや文脈性について紐解いていく。第3章では、そんなナショナリズムと政治的な左右の認識が、人々の心の中でどの程度結びつくのか（あるいは結びつかないのか）を、世界の人々の意識調査から明らかにする。第4章では、それをさらに敷衍《ふえん》して、一見リベラルな価値観とナショナリズムとの間の奇妙な関係性についていくつかのテーマに絞って検討し、第5章では民主主義や権威主義といった政治意識とナショナリズムの関係に近づく。

じっくりと順を追って読んでいくのが普通の読み方だろうが、政治の概念等についてある程度知っている読者や国際比較データを見るのが大好きな読者は、第3章から読みはじめても面白いかもしれない（そして、もしそこで不思議に思うデータに出くわしたら、第1章、第2章に戻ってくると答えが得られるかもしれない）。

政治的な左と右の歴史

はじめに、政治的な左右という言葉の意味合いの、基礎的な整理をしておこう。政治的な「左」と「右」は、実に様々な言葉によって理解されてきたが、一般的にはフランス革命に端を発するとされている。革命さなかに開催された議会では、議長から見て右側に、王制などのアンシャンレジーム（旧体制）の維持・復権を目指す勢力が座り、左側には革命を推し進めて王制廃止や極端な平等を目指す勢力が座っていた。つまり右側に歴史的伝統に裏付けられる現状を支持する態度を持つ者が座り、左側にそれに対抗しようとする態度や生活様式を持つ者が座っていた。[6] そのため、右が現状維持・保守であり、左が進歩・変化であると紹介されることが多い。[7]

そこからさらに敷衍して、右については「保守」「維持」「秩序」「資本主義」「ファシズム」「社会的統制」、左にあっては「進歩／革新」「変化」「平等」「抵抗」「反対」「急進」「社会主義」「共産主義」「広範な政治参加」などの諸概念が様々に結びつけられた。[8] 自由vs平等という対比もおなじみかもしれない。[9]

左翼や右翼という言葉には、何か政治的に極端な意見や人々という印象が含まれるが（それは英語の left-wing, right-wing といった表現でも同じようだ）、左右の翼の端っこだけが翼なのではなく、その根元や中軸もまた翼の一部であるように、実際には多くの人々が何かしら社会に対する考え方や態度を持っているものである。

変化か保守かという対立は、経済や社会問題における平等というテーマとも密接に関連し、重なり合ってきた。前提として、社会は基本的に不平等である。歴史的に見れば、身分や階層の違いがあり、現代を見ても、所得の違いや、性別や民族等による差別が存在している。そして、それをもたらしている社会的な現実やルールがある。その現状の中にも、一定の合理性やこれまで存在してきた理由と意義があることを重視し、そこから得られる秩序や安心感を大切にしたいと考える人々がいる一方で、この状況を変革しようと考える人々が現れる。

当然ながら好むと好まざるとにかかわらず、前者の人々よりは後者の人々の力が、社会に存在する不平等を平等にならしていこうとする動きを持つことになる。そういった意味で、イタリアの政治学者ボッビオが言うように、政治的な左右の意味するところは、端的に平等に対する態度だという見解は正鵠《せいこく》を射ている。[10]

この論点は、特に第二次世界大戦後の西側世界秩序を前提とする中では、もっぱら経済と政府の関わり方でも結びつけられてきた。つまり、社会の経済活動に対して政治がどの程度関わるべきかという論点における考え方の違いとして、市場・競争を通じた自由と、政府による経済への介入・所得再分配を通じた平等のどちらをより重視するのか――が右と左の意味と結びつけられた。１９９５年に刊行されたある論文では、世界42カ国での「左右」の使われ方について調査を行ったところ、左右対立の意味として最も参照されるのが多かったのはまさに「経済・階級対立」であった。[11] 西側自由社会では、市場と競争を通じた自由な経済活動が前提であったから、それを護持することが右の態度であり、それに対して（かつてのソ連のような）政府による生産活動の管理統制すなわち社会主義経済や、それに近似する福祉国家の強化や再分配の拡充をめざす勢力が左の理念として結びつけられた。

またその世界観は、程度の幅こそあれ自由な政治経済体制を現状とする中で、「保守」「革新」の概念とも結びつけられてきた。世界の現実が不平等である中、「社会変革を支持するか慎重であるか」「不平等に抵抗するか甘受するか」という2点が相互に重複し、左と右の区別をつけてきたと言われている。[12] もちろんここには先ほど述べたこととのつながりがある。たとえば、左派が市場で再分配を要求するのは、政府の大きさや再分配政策そのものが重要なのではなくて、平等という根源的価値あるいは目的を実現する手段が、再分配と大きな政府だからである。先ほど言及したように、左の根源はあくまで平等にある。[13] それが経済と市場が重要な争点である時代にあっては、再分配政策＝左翼と捉えられていただけにすぎない。

ここまでが、教科書的な理解である。混乱をもたらすのは、この構造は常に不変の原理ではないという点だ。たとえば、共産主義政権を経て自由化／民主化をした国々であれば、平等志向は、かつての体制への憧憬をも含意するから、社会変革に対する態度をもって左右を位置付ける際どちらに結びつけるかは自明ではない（この点は後ほどデータでも確認する）。自由民主主義体制ではない中国でも、左と右の意味は逆転している。[14]

日本でも、かつては「保守＝右」「革新＝左」のラベリングが通用していたが、今日の若年世代ではこれが通用しないこともわかっている。「保守」か「革新」かという次元で政党をラベリングさせると、若年世代は日本共産党を保守側に、日本維新の会を革新側に置く傾向がある。[15] これは高齢世代から見ると驚かれるかもしれないが、冷静に考えればむしろ適切なラベリングでもある。たとえば共産党が憲法改正に反対して現状の秩序体系を維持しようとしていること、日本維新の会が大阪都構想など現状の政治行政システムの改革を訴えていることを考慮すれば、前者を保守・後者を革新とすることは何ら不思議ではないのだ。ただし興味深いことに、「左か右か」という形でラベリングさせると、高齢者であっても若年層であっても、自民党や維新を右、共産党を左といった理解は安定して提示される傾向がある。[16] 若年世代の方が、左右という言葉と、保守革新という言葉を、丁寧に使い分けているのかもしれない。

政治の左右をどう配置するか

先述の左右の中身をめぐって混乱が起こる一因は、政治的対立を無理やり一つだけの対立軸で見ようとする点にある。すでに示唆したように、政治的な対立は必ずしもたった一つの軸のうえで起きているのではなくて、複数の次元で構成されているということを整理すれば、この混乱はある程度解消される。

そのためには、経済的な平等に対する態度と、社会変化に対する保守・革新の態度を、分けて考えればよいのだ。言い方を変えると、右と左という、様々な含意が付与されてきた言葉を用いる際に、どのような次元において、右や左と言っているのか丁寧に弁別していけば、相当程度混乱は回避できる。「経済的な意味で右」とか「文化的な意味で左」と言われれば、少なくとももどの争点をめぐっての立場を議論しているか明確になる。

実際、研究者はそうしてきた。最も多く普及しているのは、経済や分配をめぐる態度を一次元目に置き、二次元目に非経済的な争点を置くやり方であろう。二次元目としてどのような争点を対立点として置くかについては、歴史的には、民主主義か権威主義か、政治的な自由か介入か、という分析枠組みも考えられてきたが[17]、現代の民主主義諸国の政治的対立を分析するモデルとして広く普及しているのは、個人のライフスタイルの多様性等も含めた、文化的・社会的対立を置く視点である。要するに、社会生活上の変化を許容するか、保守的であるかという違いだ[18]。日本国内でも、選挙前になれば投票支援ツールなどを介してそうした政治マップが散見されるようになるし、英米で普及した「ポリティカルコンパス」「ノーランチャート」なども有名である。東京大学と朝日新聞の共同調査や、早稲田大学と読売新聞の共同調査で、そういった二次元（あるいはそれ以上）の政策マップが出てきたのを見たことがある人もいるに違いない。[19]

この二次元目にくる文化的・社会的な対立——何がその人のライフスタイル上の個人的自由の争点となるのか——は、国や地域ごとの文脈に影響を受けるけれども（その多様性や複雑性は第４章で取り扱う）、ある程度共通している傾向もある。そしてしばしば、ナショナリズムをめぐる態度がここに含まれることが多い。

比較政治学を専門とする研究者コミュニティで、最もよく使われている定義の一つが、ノースカロライナ大チャペルヒル校の研究チームを中心に作られたものだ。[20] そこでは、社会文化的な対立の定義の、頭文字をとって「GAL-TAN」と呼ばれることがある。これは、それぞれ「環境運動／緑 Green」「異なる価値観 Alternative」「リバタリアン Libertarian」的な志向の頭文字と、「伝統的 Traditional」「権威主義的 Authoritarian」「ナショナリスト Nationalist」な志向の頭文字を略したものである（図表1-1）。

前者のＧＡＬ側は、先進民主主義国の多くで、１９６０～70年代ごろから、環境運動や新しい価値観やジェンダーをめぐる争点が重要になってきたことを反映したものであり、いわゆる「リベラル」な価値観を多く含んでいる。ここで言うところのリバタリアンとは、文化的な制約や慣習に対する徹底的な自由を主張する立場のことである（アメリカでは徹底的な自由至上主義という意味で使われることも多い）。

後者のＴＡＮ側は、伝統や権威を重視する立場など、いわゆる「保守的」な価値観を含んでいる。ここにナショナリズムも入っているのは、すでに私たちの政治を取り巻く環境が国民国家を前提としており、その利害を重視することが古色蒼然とした趣《おもむき》を持つからである。

これらの争点それぞれの立場を指す表現として、「リバタリアン普遍主義」vs「伝統共同体主義」というようになかなか神髄をついた表現もあるが[21]、本書ではわかりやすく、社会文化的な「リベラル」と社会文化的な「保守」と呼ぶことにしたい。リベラルという言葉は実に混乱を招きやすい言葉だが、その点については再び第４章で検討する。

この社会文化的な対立軸の整理法は、ヨーロッパの政党政治の変化を説明するという目的からスタートしたものだが、決して狭く西欧だけにとどまる話ではないことも読者は気づいただろう。同じ１９６０～70年代、アメリカでは公民権問題が社会を大きく揺るがす政治的対立であったし、日本でも公害訴訟が社会を大きく揺るがしていた。世界の様々な政治現象や、必ずしも従来型の経済的左右対立では説明できない政治現象を、広く説明するには比較的に適した整理方法であった。

こういった社会文化的争点は、経済的な次元における従来型の「経済的な介入によって平

図表1-1：「右」「左」を区別する二次元図

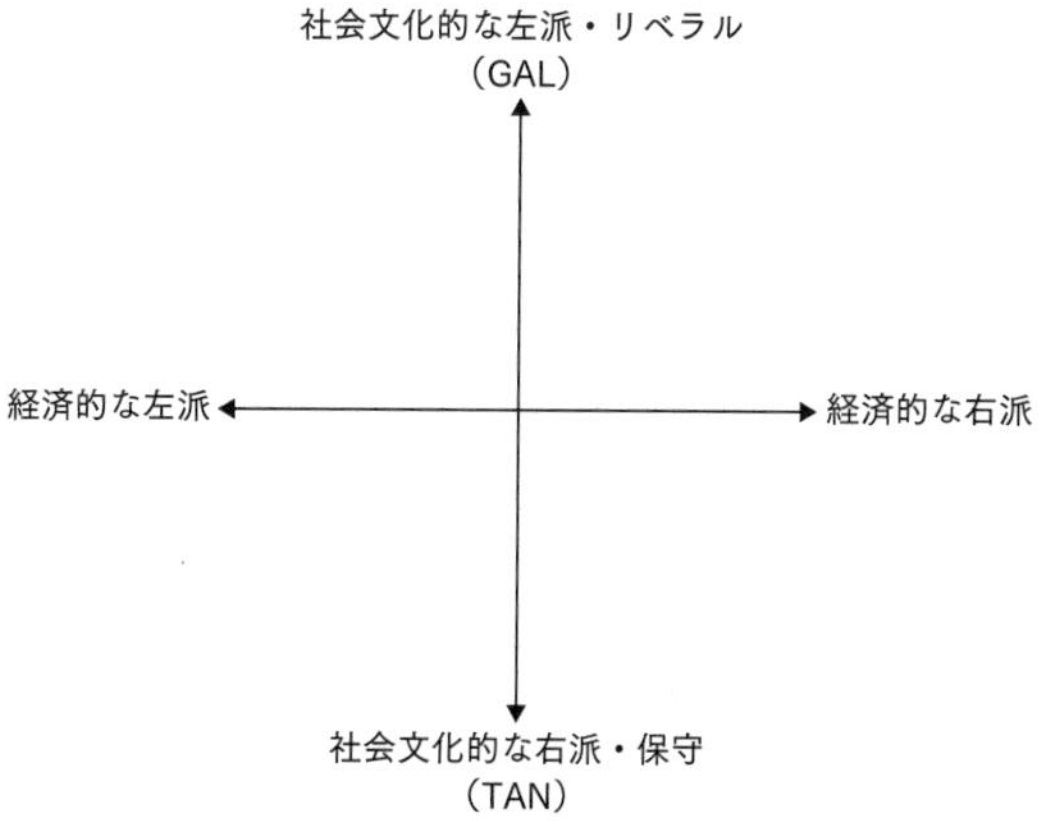

等を目指す左翼」「経済的な自由を重視する市場志向の右翼」という争点とは、明らかに別次元の対立である。これら経済的な争点と、ナショナリズムを含むような社会観や文化的価値観をめぐる争点は、別次元の争点なのだ。争点が複数あることを考えれば、（経済的に）左派の政党が、（文化軸で）右派的とみなされがちな反移民的な態度をとるという組み合わせも、当然存在しうる。本章冒頭で左翼のデンマーク民主党が保守的ともいえる反移民態度をとった事例を紹介したが、これがさほど不自然でもないことがわかるだろう。右翼‐左翼という政策争点を一次元のものとみている限り、この現象は理解できない。しかし二次元で理解すれば、途端に簡単に理解でき

るようになる。

そしてまた、こういった争点の多次元性には、世論や政党も対応している。[22] 後ほど詳しく述べるが、政治家たちが掲げる政治の争点は、徐々に経済から社会文化的なものへと移っているし、有権者も選挙に際して社会文化争点を重視しはじめている。

なぜそうなってきているのかについては諸説あり、はっきりとはわかっていない。先進民主主義国では人々がそもそも経済的に充足され、新しい価値観を重視するようになってきたという指摘もあるし、[23] 国際化の進展に伴いナショナリズムを中心とした文化的争点の重要度が増していることも指摘される。[24] 個人主義原理に圧倒され、左派からも右派からも共同体の原理を重要視する勢力がいなくなってしまったことが、ナショナリズム復活の遠因であるとの議論もある。[25] その真の原因を指摘するのは本書の範疇《はんちゅう》を超えてしまうが、ひとまず重要なのは、世界の人々はいまや経済だけで政治の左右を論じなくなってきており、その際に登場する争点の一つとして、ナショナリズムを含む争点が現れてきているということである（それ以外の社会文化的争点との関係は第４章で少し検討する）。

では次に考えることは、そもそもナショナリズムとは何か、である。

ナショナリズムとは何か

そもそも本書が話題の中心とするナショナリズムとはどんな概念だろう。おそらく多くの人が言葉としては聞いたことがあるだろうし（少なくとも本書を手に取っている読者のあなたはそうだろう）、なんとなくのイメージを持ってはいるだろうが、いざきちんと定義するとなると難しい。１００人の研究者がいれば１００通りの答えが返ってくる難問である。

本書ではさしあたり、ナショナリズムに関する二つの有名な定義、「政治的な単位と民族的な単位が一致しなければならないと主張する一つの政治的原理」「政治的単位と文化的単位との収斂《しゅうれん》」というＥ・ゲルナーの定義と、「（現存する、もしくは潜在的な）ネーションを構成すると考えている集団のために、自治と統一とアイデンティティを確立し維持するためのイデオロギー的運動」というＡ・スミスの定義を紹介しておこう。[26] 共通して見られるのは、同じ文化を共有している（とお互いに想像している）集団があり、自分たちの存続や発展（ひいてはそれを通じた自分自身の生活状況向上）を、国家や自治という政治的単位の力を借りて達成したいと考えることを、ナショナリズムの要件としている点にある。キーワードは自律・統一・アイデンティティである。

自分のことを自分で決めるように、自分たちのことを自分たちで決めたい。「自分たち」と想像の射程が及ぶ文化的集団に基づいた決定をしたい。赤の他人が勝手に作ったルールと枠組みではなく、自分たちに合った共同体と制度を自分たちで持ちたい。その一部として自分を位置付けられるような、全体を創出・維持・強化したい。自身と同質だと思える人々の集団に帰属していることを確信することで、自身の生（と死）に意義を与えたい……。このような心の働きと主張は、細分化されて、人の心の中の意識として現れたり、その意識に基づく政治行動（投票や社会運動）として現れたり、究極的にはそれが国や自治体の政策として現れることがある。

先ほど並べたような考え方をみて、それは当たり前のことではないかと思った読者もいるだろう。ところがこういった意識は、一見自明にみえて、実は歴史的にはそうではないのだ。歴史的に言えば、政治的決定の単位は、単一のネーション／国民からなる国家という単位、国民国家だけではなかった。都市国家があった。多民族を包含する帝国があった。臣従関係の連鎖からなる封建制があった。企業統治ネットワークとしての商業都市同盟があった。疑似家族関係を旨とするクラン国家があった。人的ネットワークとしての族長国家があった。

特定の文化を共有する者たちで一つの国家が形成されるという事態あるいは時代は、ここ2世紀程度で急速に広がり、通常化した世界である。ナショナリズム（とそれを前提にする現代世界）は、人類の歴史から見ると極めて特異で新しい現象なのである。

　もしいま読者のあなたが、特定の文化を共有する国民（あるいは民族）と特定の国家の結びつきがあるという記述を読んで、「当たり前のことをなぜわざわざ言っているのか」と思っているのであれば、それはまさにあなたが日常的に埋め込まれたナショナリズムのプログラム下で教育を受け世界観を形成され、思考を埋め込まれてきた結果にほかならない。マスメディア、義務教育、官僚制、博物館、鉄道網……。こういった様々な近代的制度が、そのプログラムをあなたと私に埋め込んできた。[27]

　ナショナリズムの歴史的側面については日本語でも様々な書籍が出ている。[28] 本書の問題関心としては、運動や歴史としてではなく、一人一人の政治意識としてのナショナリズムを扱う。ただ、意識といっても、何か一つの側面で測れるわけではない。

　たとえば、ナショナリズムに基づく「自分たち」を意識する際、自分たちは同じ○○人である、という時の○○の具体的要件を言語や宗教等の要素に求める意識や態度があり、さらにそのように定義された共同体に、自分自身も所属していると認識するのかという意識や態度がある。

そして、その定義された共同体に、愛着なり誇りなりの、ポジティブな感情を抱く側面がある。そういった感覚があるからこそ、自分たち独自の文化があり、それにそって政治がなされるべきだという信念ともつながってくる。しかし時にそれは、同じ文化集団としては想定されない人々への忌避感や、異なる文化からなる外国への競争心、ひいては敵対心につながることもあるだろう（「ナショナリスト」と聞くとこういった最後の態度だけを思い浮かべる人も多いかもしれない）。

こういったそれぞれの細かい感情には、学術的には個別の名称や定義が与えられているが、本書は厳密な学術書ではないので、ひとまず「帰属意識」「ナショナルプライド／愛国心」「排外主義」の三つをもって、ナショナリズムに由来する、あるいはナショナリズムを構成する意識として取り扱おう。一応、これら三つの用語法は筆者独特のものではなく、本書内で後述されるいくつかの学術研究上の折衷《せっちゅう》をとっている。

複数の顔を持つナショナリズム

ところでこのように整理すると、読者の中には、愛国心をナショナリズムに含めて良いのか疑問に思う人もいるだろう。愛国心とナショナリズムは違う、という言説が好きな人たちが世の中には一定数いる。そういった意見の多くは、愛国心は良いものだがナショナリズムは悪いものだという区別を伴うことが多い。

たしかに、両者は違う。パトリオティズムは、日本語で愛国心と訳されてしまった経緯もあって誤解されがちであるが、本来はその対象は必ずしも国ではなかった。その本質は自らが属する共同体、あるいは共同体の理念に対する自己犠牲を意味するのであった（それゆえ歴史的には、キリスト教共同体とか自由とかのような、むしろ国を超えた普遍的理念への献身を意味していた）。いわばパトリオティズムとは、理念に殉《じゅん》じ、自らの身をもってその発揚に捧げんとする心の働きであり、それが近代においては国民国家への忠誠へと転化していった[29]。

そのような経緯ゆえに、愛国心とナショナリズムはたしかに出自こそ違えども、分かちがたく絡み合っている。だからこそ、安直に両者は別物だと単純化することもできない。パトリオティズム研究者たちが国民国家との関係性を深く検討してきたように、ナショナリズムを実証的に研究してきた多くの者たちもまた、その構成要素として愛国心の存在を位置付け考慮してきた[30]。決して「前者が悪いもので後者が良いもので別物だ」と単純化するような議論はできない。ナショナリズムを過度に他国への優越性や攻撃性とのみ解釈し、愛国心を純真無垢で無害なものとのみ解釈することは、思想史としても実証分析としても適切ではないし、問題含みだという理解が、ナショナリズムの研究者の中では通説だ[31]。

もちろん、現実の政治家や人々が、あえて負の理念と正の理念を分けることを通じて、この世をより良い状況にしていこうと、社会に対して訴えかける言説までは否定されるものではない。だがそれはあくまでレトリックの問題であって、レトリックと分析的認識を混同してはいけない[32]。

だから、本書もナショナリズムを何か悪い意味や、悪い現象としてのみには捉えない。あるいは反対に一方的に良いだけのものとしても捉えない。ナショナリズムは人々を抑圧したり排除したりすることもあれば、人々に平等や助け合いをもたらすこともあるからだ。その価値は、両義的である。

ナショナリズムが排除の側面を持つというのはわかりやすいかもしれない。それは、政治的な機構や運用を、特定の文化的一致性に基づいて作ろうとする運動や主義であるから、それを共有しない人々、たとえば外国人、民族的・宗教的な少数派、文化的に極端に異なる地域や階層の人々を、政治的に一段低い地位に置くことになる。時にそれは弾圧や抑圧を行うことになる。たとえば、統一された公用語による言語教育が展開されていく時には、その言葉を母語としない人々は不利な状況に置かれることになるし、程度が過ぎれば抑圧されることになる。文化的線引きの基準に宗教の違いなどが結びつけば宗教差別を正当化する論理にすらなり、排斥対象の人々に物理的な攻撃が向かうことすらある。

他方でナショナリズムは、文化を共有するとみなしたメンバー、すなわち同じ共同体のメンバーとみなした人々を、同じ政治的単位の同列の成員であると承認することになる。生まれながらの身分、階級、あるいは職業や出身地といったものに関係なく、「同じ民族」として、同じ共同体のメンバーとして均一に処遇することにつながる。長い人類の歴史においては、出生や身分によって、権利や扱いに差をつけられてきたことが普通だったことを考慮すれば、ナショナリズムはこれらの蹉跌《さてつ》や差別から多くの人々を解放し、包摂する機能も果たしていた。フランス革命以降のフランスは、貴族・僧侶・農民の三身分をなくし均一の「フランス人」を作ろうとしてきた。[33] 明治時代の日本も生まれながらの身分差を廃止し、同じ「日本人」の創出を目指してきた。共有された共同体意識は、自分たちのことは自分たちで決めるという民主主義を支え、同じ「仲間」を助け合うという感覚に基づいて見ず知らずの人のために用いられる福祉や社会的支出（そしその原資としての納税に同意すること）を可能にしてきた面もある。[34]

このようにナショナリズムは多面的な顔を持つ政治意識でもある。その多様性については第2章で紐解いていく。

グローバリズムと国際化が進んだからこそ

ところで本当に現代政治は「新しいナショナリズムの時代」なのだろうか。そうともいえるし、そうではないともいえるかもしれない。少し冷静になって現代史を振り返ってみると、「いまは新しいナショナリズムの時代だ」と強調する議論は何度も何度も繰り返されてきた。20世紀初頭、第一次世界大戦の後にヨーロッパで多数の国民国家が誕生した時、第二次大戦後しばらくしてから脱植民地運動が世界的に広がった時、１９７０年代に多くの地域主義運動が確認されるようになった時、ソ連崩壊後に各地で民族紛争が勃発しはじめた時、いつもその時代が「新しいナショナリズム」の時代であるかのような描写が用いられてきた。[35]

ナショナリズムが復活しているというように論ずる者もいれば、それは消えかけてなどおらず、過去もいまも頑健であったとする者もいる。少なくとも、国際化、グローバル化、コ

図表1-2：先進諸国のマニフェスト内容の変化

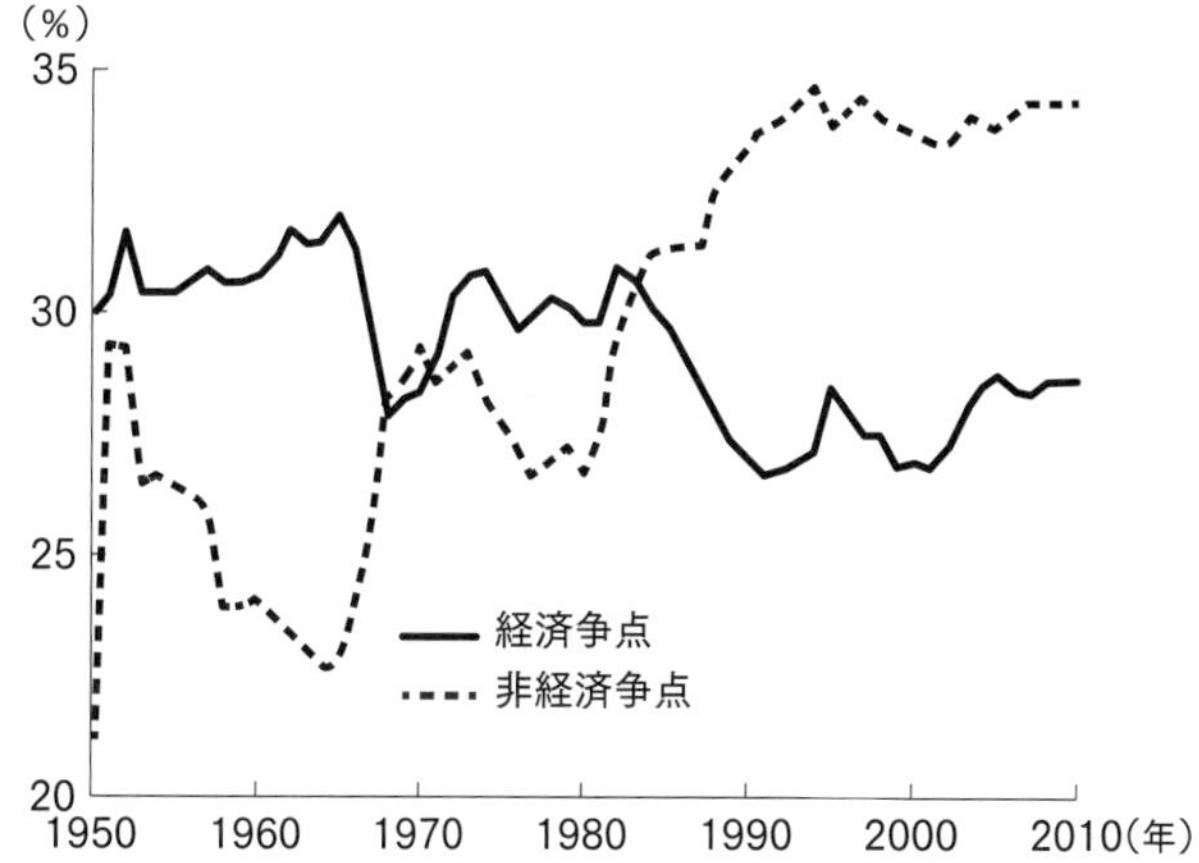

出典：Zakharov (2015)

スモポリタニズムの進展など、様々な言葉で形容される現象が、ナショナリズムを過去のものにしたということはない。

たしかに政治の争点として、人々のアイデンティティやライフスタイルをめぐる争点がかつての経済や福祉以上に重要になっていることについては、統計データからも確かめられている。**図表1-2**は、先進民主主義国の政党がどのような政策争点に分量を割いてきたか示したものだ。比較マニフェストプロジェクト（CMP）という、先進民主主義国の各選挙に出馬した各政党のマニフェストや公約を数値化した膨大なデータセットがあり、それを用いたものである。これを見る限り、たしかに、かつて政党が訴えかける政策は（左派的なものにせよ右派的なものにせよ）成長や福祉や税金などの経済に関する争点が中心であったが、１９８０‐90年代あたりから、環境問題やライフスタイルや移民問題などの、非経済争点が主流になってきている。その中には、ナショナリズムをめぐる争点も含まれているので、それがすべてではないにせよ、そういった争点の重要度がかつてより増してきているのは確かなようである。[36]

もう一つ面白い傍証として、世界的に見た時にナショナリズム（nationalism）をタイトルに冠した本の数は年々増加しているという指摘がある。[37] 同じことは日本にも当てはまる。国会図書館収蔵の書籍データを見ると、１９８０年には7件、ソ連崩壊時の１９９１年でさえ11冊だった刊行数は、２０１６年では51冊と、ほぼ毎週１冊はナショナリズムに関する書籍が発刊されている状態にあった。これもまた、ナショナリズムへの社会的着目の高まりを意味するのだろう。

また、グローバル化は、ナショナリズム政治の重要性を変化させる形で高めているともされる。国際化の進展があるからこそ、どこまでが同じ国民であるのか、国のメンバーはだれであると決めるべきなのか、移民や多文化社会の到来に対してどのように対応するべきなのか、一国では経済政策を決められない現実に対してどのように国際社会と渡り合っていくのか、といった争点が、より一層顕著になっているのである。グローバル化や国際化が進めばナショナリズムが過去のものになって消えるのではなく、グローバル化や国際化が進んでいるからこそ、ナショナリズムの争点が顕著になりつつあると考えるべきなのだ。[38]

　グローバリズムの進展は、ナショナリズムを消滅させるのではなく、むしろグローバル化に対応する形で様々な形へと多様化させる。たしかにそれが顕著な（あるいは暴力的な）形で現れることは減ってきた。「文化的単位と政治的単位の一致」を目指し、「自治と統一とアイデンティティを確立し維持するため」に、独自の国民国家を樹立したり、あるいは暴力を用いた国境線変更が行われることは減ってきている。だからこそ例外としてのユーゴスラビア紛争やロシアのウクライナ侵攻が世界の耳目を集めたともいえる。

　グローバル化が進み、国家の力や決定権が相対的に弱くなってくると、その中で地域レベルでの自治権獲得を求めたり、国際統合の枠組みの中で既存の国境を超えるようなネットワークを作り上げるというような運動も出てくる。特にこの傾向が顕著なのが、ヨーロッパであろう。ＥＵという国際化と地域統合のプロジェクトは、国境線の重要性を弱め、あたかもナショナリズムに終止符を打つかのように夢想されたが、その実それがもたらしたのはナショナリズムの多様化であった。１９７０年代前後のいわゆる「エスニック・リバイバル」運動は、欧州各地のそれまで国家を持たなかった地域の、自治などを求める動きを活発化させた。ＥＣ／ＥＵという統合が進むにつれて、カタルーニャの自治・独立運動、スコットランド独立運動は加速した。ＥＵの東方拡大によってそのメンバーになったハンガリーでは政府自ら国境を超えて隣国のハンガリー系住民を保護するネットワーク確立に乗り出した。[39]欧州の地域統合内で人の移動が加速し、イギリスに流入してきた東ヨーロッパからの移民労働者への反発は、（その真の影響がどれほどだったかはさておき）ブレグジットの遠因の一つとして語られるようになった。

これらの動きの中には、既存の国民国家システムの確立を目指すものもあれば、既存の国民国家に挑戦したり、その権威を相対化しようとしているものもあれば、その再強化を求めるものもある。現状をより強く肯定しようとする保守の論理もあれば、現状に挑戦状を突き付ける革新の論理もあり、その内実はまことに多様である。だからこそ、国際化が進む中での現代のナショナリズムは、安直に現状肯定としての保守化であるとか右翼であると単純化できない側面を有している（またそれが訳語の問題として、ナショナリズムを安直に国家主義と訳せない事情でもある）。

第2章

政治的左右とナショナリズムの多様性

本章では、本書全体を貫通するテーマであるナショナリズムと政治的な左右について、その多様性を深掘りしていく。ナショナリズムを、現代の政治争点を理解する補助線として利用する本書の性質上、まずナショナリズムについての多様性を確認する。次に、経済的な左右対立が社会的な左右対立と結びつく形態に多様性があることを検討する。

様々な意見と結びつくナショナリズム

歴史的に見て、ナショナリズムを利用したのは右翼だけではなかった。長い歴史の中では、リベラル、社会主義者、フェミニスト、アナーキスト、共和主義者、世俗主義者といった様々な勢力がナショナリズムを利用してきた[40]。歴史家のジマー曰く、「自由主義者も社会主義者も、全体としてナショナリズム理論を否認したことはなく、むしろ自らの思想世界にそれらを取り込もうとしていた[41]」。

日本でも戦後しばらくは、民族の統一や団結といった標語は、右派以上に左派が掲げるメッセージでもあった。なぜならそれこそが、軍国主義を打破し、日本の民主主義の社会的連帯を達成するための基盤として必要なものだと考えられたからだった[42]。

なぜナショナリズムは多様な政治意識と結びつくことができるのだろう。ナショナリズムは最後にイズムとつくように、政治をめぐる主義主張であるが、それはいわゆる様々な政治的イデオロギーであるところの自由主義や保守主義や社会主義といった言葉とは大いに様相を異にしている。

それらの主義主張が主に関心を向けてきたのは、国家と人々の関係性や、公と私の関係性の程度に関する、具体的な主張であった。（古典的な）自由主義者は、国家が人々の生活や内面にできるだけ関与しないことを良いことだとする。それは道徳や倫理の問題についてだけではなく、経済のことは市場に任せて国家はその競争を守るだけを是とする立場と結合する。社会主義者は反対に、社会的な平等や団結を重視する。国家には豊かな人から貧しい人への所得移転の役割が求められ、人々（特に豊かな人々）はそのための原資をより多くの税金を払うという形で提供することが求められる。

ナショナリズムは、このような政府と人々の関係そのものについては多くを語らない。ナショナリズムが気にかけるのは、国家と人々の関係を議論する土台ともいえる人々の社会的なまとまりが、どのような単位でどのような人々によって担われるべきかに関して何かを主張するものだ。そこに、だれが所属でき、だれが所属できないのかを論ずる。自由主義や社会主義という主義とは位相を別にするため、どの主義とも完全には対立することなく、むしろどの主義とも結びつく可能性が開かれてきた。

人によっては、ナショナリズムには複数のタイプがあり、それぞれ左右と結びつく考えがあるのではと考える人がいるかもしれない。もちろんナショナリズム自体には多様性がある。実はこういったふうに、ナショナリズムを複数の質的に違うものの組み合わせとする考え方は様々に検討されてきた。代表的なものが、「ナショナリズムにはエスニック[43]（民族的）なものとシビック（市民的）なものがある」「そのうえで前者は悪いものだが後者は良いものである」という議論である。著者のハンス・コーンの名をとって、コーン二分法としてそれなりに有名な議論だ。

この議論は、まず、ナショナリズムの前提である同じ人々だという共同体の成員要件を考える際に、同じ祖先や血統を持ち同じ民族的（エスニック）グループであることを重視するタイプのナショナリズムと、自由や民主主義といった市民的（シビック）な原理の共有を重視するタイプのナショナリズムという2種類があると議論する。そのうえでさらに、前者は悪いもので後者は良いものだと議論する。コーン曰く、後者のシビック・ナショナリズムは、様々な背景を持つ人々に包摂的で開明的でイギリスやフランスの西欧に見られる一方、前者のエスニック・ナショナリズムは先天的な民族的・文化的基準に基づいてネーションの成員を決め、それ以外の人々の参加の余地がないためドイツ[44]やアジアなどの排外的であり遅れた非西欧社会に見られる……という理屈で、いまでも一定数のファンがいる議論でもある。[45]

本書はこの議論は採用しない。本書に限らず、現代のナショナリズム研究では、このコーン二分法について否定的見解をとることが圧倒的多数派である。[46]

理由は複合的だ。たしかに、ナショナリズムの中には依拠する原理がより民族的・文化的なものもあれば、市民的で抽象的なものがあることまでは否定しない。しかしそれはグラデーションのようなものであって、はっきりと二分できるものではないし、さらに言えば良い悪いという問題でもない。また、後ほど示すように、西の方が包摂的で東の方が排他的だという根拠もない（むしろ実態は逆である）。

たとえばシビック・ナショナリズムの代表例として用いられるカナダですら、現実には英語やフランス語という特定のエスニックな要素を持つ言語が特権的な地位にあり、それを母語とするものとそうではない者たちの間には、社会的生活上の有利／不利が存在している。反対に、どんなに血統主義的な国であっても、ひとたび国籍を取得した元外国人を法的には同じメンバーとして処遇する。だから、エスニック・ナショナリズムとシビック・ナショナリズムという二つの質的に異なるナショナリズムがあると理解するのではなく、ナショナリズムにはエスニックな紐帯を基盤とする要素が避けがたい要素として含まれており、相対的にそれが強く前面に現れていることもあれば、相対的にそれが弱く後景に退いていることもある、と理解しておく必要があるのだ。

ナショナリズムの多面性

ここで言いたいのは、ナショナリズムは質的にはっきりと二つや三つに分かれるものではない、という点だ。そこで見られる多様性とは量的なもので、何かの面が強かったり弱かったりするといったふうに、連続的なものとして見ることが重要になる。赤色と朱色はたしかに違う色だが、両者は色のスペクトル上では線引きできないグラデーション上に位置してもいる。あらゆる色が赤青緑の光の三原色の数量バランスで表現することができるように、ナショナリズムにとっての三原色は何なのか。現代のナショナリズム研究では、ここを丁寧に見ていこうという観点が主流になってきている。

たとえば、実証的なデータ分析を通じてナショナリズム研究を早い時期から進めていた社会学者のヤームは、ナショナリズムを構成する三要素として、ナショナル・アイデンティティ（国民としての帰属意識）、ナショナルプライド（国民としての誇り）、ゼノフォビア（排外主義）の三要素に分けてその構成要素間の関係を研究した。[47] わずか4カ国、かつヨーロッパ限定の議論だったが、各要素が結びついたり結びつかなかったりする状況を数量的に分析できるとした貢献は大きい。日本を対象とした研究でも、田辺らがナショナリズムを、愛国主義、排外主義、ネーション成員要件の厳しさ（彼の用語では純化主義）の三要素に分類し、その間の結びつきはさほど強くないことを、大規模調査を通じて実証している。[48]

それらの諸要素がどのように結びついているのかという点については、国際的な世論研究の進展に伴い色々とわかってきていることがある。[49] たとえば、自国に対する誇りのような肯定的態度と、外国人に対する排外主義の関係性は、グローバル化の進展度や、その国の国籍政策、取り巻く外交関係によって正の関係にも負の関係にもなる。[50] 具体的には、グローバル化の進展度が弱いところでは、自国を肯定的に評価することと排外主義は正の関係にあるが、グローバル化が進んでいるところでは逆となるようだ。ただし、社会がより開放的になるほど、排他的な信念を持つ個人の中ではアイデンティティと排外性を結びつける程度がかえって強固になるとの指摘もあり、[51] 一概にいえない面も多い。

最近では、心理学の知見が援用されることも増えてきており、「社会的アイデンティティ理論（SIT）」に基づく内集団贔屓《びいき》／外集団嫌悪の観点から説明しようとしたり（内集団贔屓が外集団嫌悪につながることもあればそうではないこともある）、道徳感情に関する基礎理論をもとに、団結と平等の論理としてナショナリズムを捉え、団結の側面が強く出るか平等の論理が強く出るかによって、ナショナリズムが包摂的になったり排外的になったりすることがあるという議論が登場している[52]。

いずれにしても重要なのは、ナショナリズムを構成する諸要素の結びつきは複雑でニュアンスに富んでおり、簡単に「すべてのナショナリズムが排外性を帯びる」とも言い切れなければ、「自国を愛することと排外的になることは違う」とも言い切れないということである。二つの議論は真逆のことを言ってはいるが、ナショナリズムの複雑性を単純化しているという意味では同レベルの議論である。

データが語るナショナリズムの諸意識

実際に、細かい指標のニュアンスの違いや条件によって、ナショナリズムの結びつき方が国によって違うことを、本書でも国際的世論調査を用いて確認してみよう。本書では、日本も含めて世界で幅広く用いられている世界価値観調査（World Values Survey）を用いて分析する。同調査はナショナリズムに関連する設問は少ないが、第3章以降でも使う政治的設問を含めている点や、対象国が特定地域に偏っていない点で優れている。

同調査では、三つの設問が先ほど整理したナショナリズムの三側面に（完全に合致しているわけではないが）おおよそ対応している。一つ目は、住んでいる国に対してどの程度心理的な近さ、すなわち帰属意識を持っているかである。二つ目は、自分が住んでいる国の国民／住民であることについて、抱いている誇りの感情の程度である。これはナショナルプライドや愛国心と呼ばれるものだ。三つ目は、移民・外国人を隣人として持つことを忌避するか否かという設問への回答である。これは排外主義的態度として扱う。[53]

基本的に本書は自由で発達した民主的な国と地域での、政治意識間の多様性を整理することを目的としているので、全世界のデータではなく、ある程度対象国を絞ってデータを確認した。また、本書が書かれた時代の様相を分析する目的から、過去すべてのデータではなく、２０１７-２０２２年に行われた第７波調査に限定して分析を行った。分析対象は、２０２１年時点でのＯＥＣＤ加盟かつ自由民主主義の38の国と地域である。[54] トルコはＯＥＣＤ加盟

図表2-1：ナショナリズムの諸要素間の相関

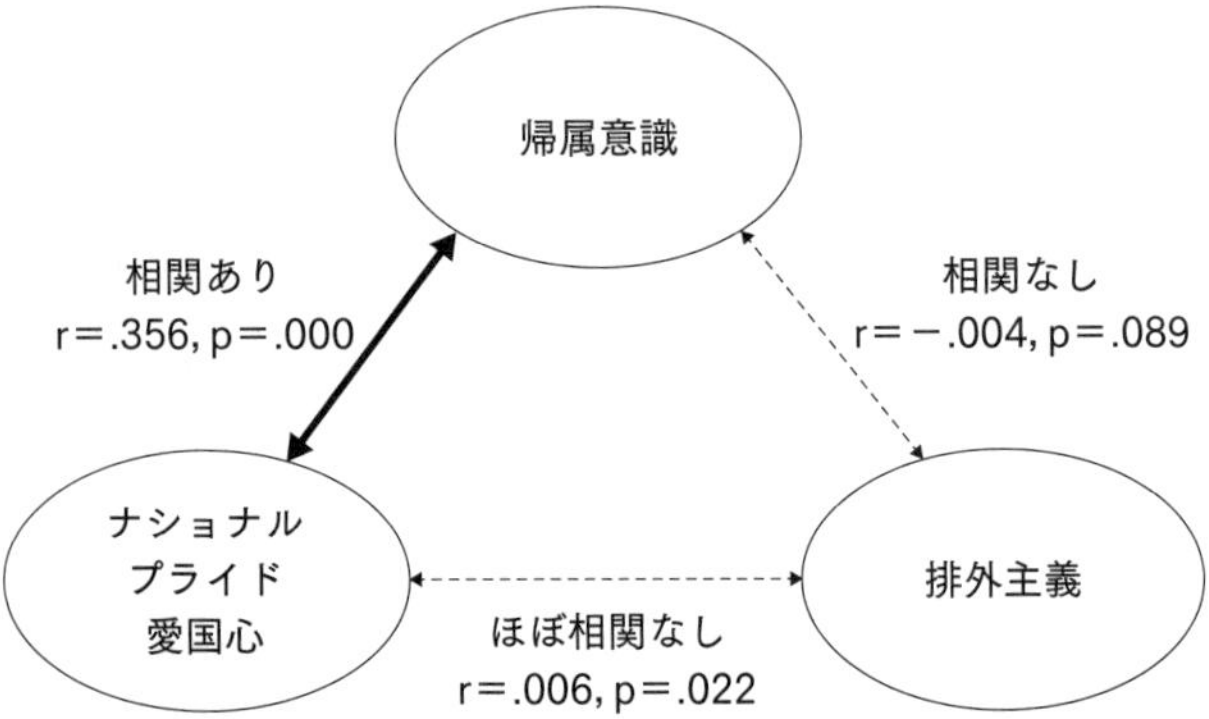

国だが、ながらく明確に自由民主主義国ではない時期が続いているために分析対象外とした。また、ＯＥＣＤ加盟国でなくとも、１９８０～90年代の民主化以降に安定的にそれを維持している国と地域をいくつか追加した[55]。当然だが調査データがない国は分析対象から外れている（たとえば分析結果にベルギーなどが入っていないのはそのためである）。

　これら自由民主主義諸国において、ナショナリズムの諸要素はどのようにつながっているのだろうか。全体として言えば、国への帰属意識の強さと、ナショナルプライドの強さは相関する傾向がある一方、反移民感情に代表される排外主義の強さは、これら両者とはほとんど相関していない[56]（図表２-１）。自国に対して強い帰属意識を有することや、ネーションのメンバーであることへの肯定的な態度は、その外側にいると想定される人々に対する否定的な感情とは必ずしもリンクしていないということなのだろう。

ただしその結果は、自由民主主義国全体をまとめて分析した時の結果である。気になるのは、それが国によってどの程度違っているかだ。

そこで本書では特に、ネーション内への正の感情であるナショナルプライドと、ネーション外への負の感情である排外主義の相関に着目した。その違いを国ごとに分析して整理したものが**図表2-2**である。

このグラフを見ると興味深いことが色々と見えてくる。すぐにわかるのは、この両意識が正の関係にある国、特にあまり関係がない国、負の関係にある国のそれぞれがあるということだ。

まず、大多数の国ではこの両変数は（先ほど全体傾向を見たように）、はっきりとした相関関係を持たない（表記が×の国々）。日本については、本データを使った分析では統計的有意性もはっきりせず、負の関係があるとも正の関係があるとも、判然としない。この傾向自体は先述の田辺らの研究からも指摘されていることで、本書の分析が特異ということではない。同じことは、ニュージーランドや韓国などについてもいえる。

図表2-2：ナショナルプライドと排外主義の国別相関係数

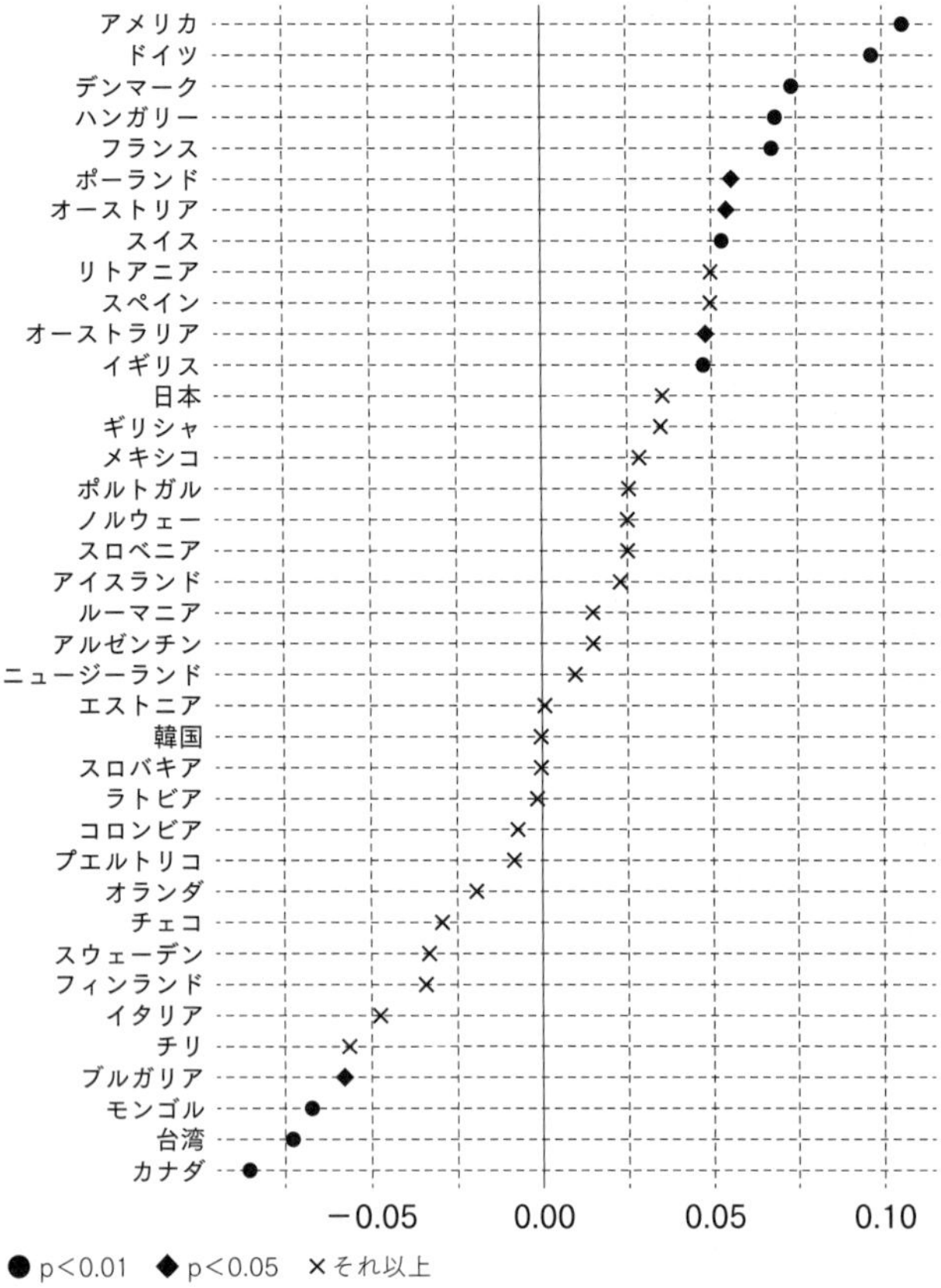

アメリカ、ドイツ、デンマーク、フランスなどの国々では、ナショナルプライドが強いことと排外的であることが関係している（反対にナショナルプライドの低さと排外的ではないことが関係している）。特に本データの中では、アメリカが最もこの関係性が強い国である。つまり、アメリカは愛国者であることと排外主義者であることが、同時発生しやすい傾向が最も強い国だといえるだろう。傾向や確率の話であって全員がそうだというわけではない点には注意すべきだが、一定の傾向があるとわかる。アメリカではしばしば、排外主義的な態度のみを指してナショナリズムという言葉を使う傾向があり、そのうえでナショナリズムとパトリオティズム（愛国心）は違うとする議論に一定の人気があるが、実のところそのアメリカこそが、民主主義諸国において最も愛国心と排外主義が結びつきやすい国のようだ。また、だからこそ「そうではない」という主張が繰り返し現れやすいのかもしれない。

　こういった国々と真逆のコントラストを見せているのが、アメリカの隣国であるカナダである。カナダでは、ナショナルプライドの強さは、排外主義的であることと負の関係にある。つまり、カナダでは愛国者であることは外国人を嫌わない態度と関係しており、反対に外国人嫌いの排外主義者は自国への誇りも抱いていない傾向がある。シビック・ナショナリズムの重要性を問う論者は、しばしばカナダを例に挙げるが、たしかにカナダではそういった議論が生まれやすい世論状況にあるのだろう。

これと似た傾向を示している民主主義国は、他に台湾、モンゴル、ブルガリアなどを挙げることができる。全体としては少数例だが、これもまた国によって世論の結びつき方が違うことを表している。

ナショナリズムの内実は一様ではなく、複合的な要素によって成り立っている。そしてその諸要素間の連関関係もまた一様ではなく、国や政治的文脈によって異なる。ナショナリズムをめぐる政治の重要性が増す中で、それがどのような様相をもたらすのかは、一概にはいえない。そしてそれは、既存の政治勢力や政治的対立軸とも複雑な相互関係を示すのだ。

左右対立軸の多様性

ナショナリズムの内実にはかなり多様性がある。しかしなぜ私たちはよく、ナショナリズムを排他的な現象とのみみなして議論したり、右派的なものとしてのみみなしたりしがちなのだろうか。このような認識が多く広まっているのは、まったく理由がないものではない。それは実際の政治現象がそう思わせる状況を生み出していたからだ。

図表2-3：二次元空間での政党対立の変化

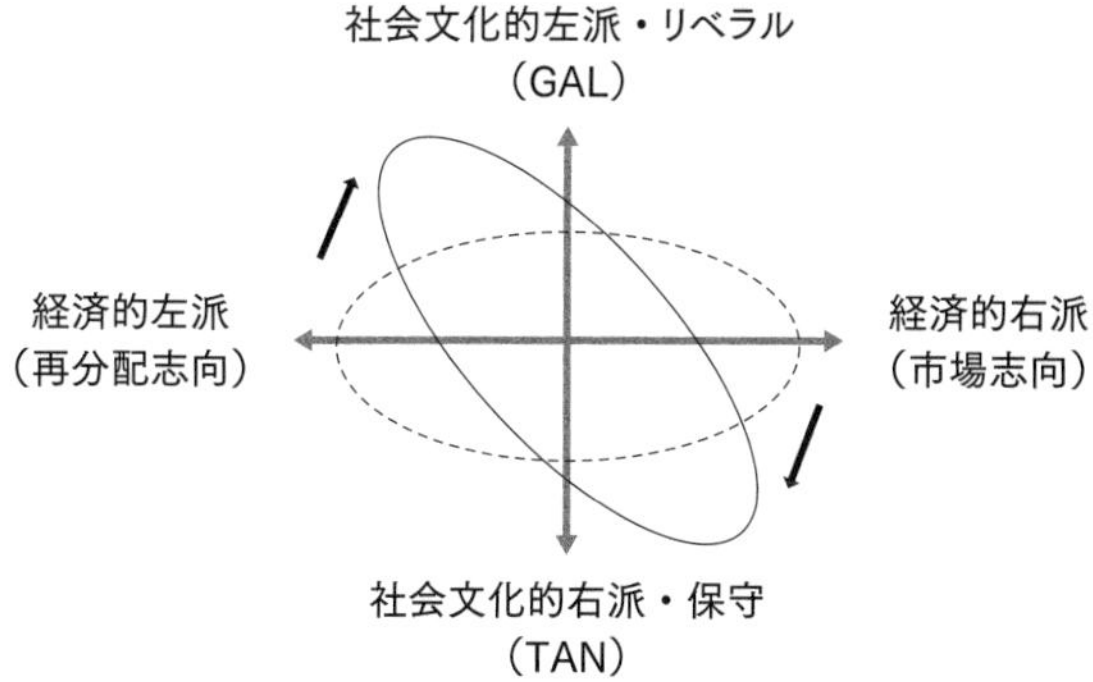

前章で政治的対立次元の二次元モデルを紹介したが、政治学者キッチェルトはこの対立空間で諸政党がとる政策位置からなる対立軸が、徐々に変化したことを明らかにした。[57]特に西欧諸国を対象とした分析では、従来は経済的に左に位置する政党が徐々に社会文化次元でリベラル側に、経済次元で右に位置する政党が社会文化次元で保守側に主張を寄せていったので、全体として政党間の対立構造が「旋回」した（図表2-3）。この知見には実証研究上の根拠もあり、先進民主主義国の政党政治に対する理解としてはかねてより通説となっている。この図を見ると、従来から右派政党とされていた陣営が社会文化的な保守、すなわちナショナリズムを含む陣営へとシフトしており、反対に従来は左派勢力とされてきたものが、かつて

以上に社会文化的に保守から乖離《かいり》していってしまっている。つまり、従来は（経済争点で）右派側だとラベリングされていた勢力が、新たに登場してきた社会文化争点において、ナショナリズムを含む保守的立場をとるようになってきたという、20世紀後半に多くの国で見られたパターンがあったのだ。

余談ではあるが、経済学者のトマ・ピケティがさも新しい社会問題であるかのように論じた「バラモン左翼論」、すなわち、左派政党が文化リベラル政策ばかりを追求する豊かな高学歴層だけのものになり、一般労働者との関係に課題を抱えるとする議論も[58]、実はこの文脈から説明が可能である（そのため政治学者からみればピケティの議論は「周回遅れ」ともいえるが、そのことを経済史的データから示し、分極化の文脈に引き付けて議論したことは重要な貢献である[59]）。

ところでこのような、複数の争点次元での意見の結びつきは、必然的なものなのだろうか？　たまたまなのだろうか？　つまり、経済次元で右派的な人は、社会文化次元でも右派（保守）的になりやすい、あるいは反対に社会文化次元で左派（リベラル）的な人は、経済次元でも左派的でありやすいということが論理必然的なものとしてあるのだろうか？　ここが次の論点となる。政治的左右の多様性という意味で検討を深めよう。

この点について、心理学系の研究者は、人の政治意識の背景には、個々人が持つ心理的特性があると考える観点から、一貫した傾向があると論ずる向きがある。たとえば人が幼児期の発達過程（とある程度は遺伝的）に獲得するリスク受容度の心理的違いに着目する議論がある。リスク受容的な人は、変革に対する恐れが弱いため、（経済的にせよ社会的にせよ）様々な不平等がある中で、それを変革しようと経済的に再分配志向で社会文化的にリベラルになる。反対にリスク回避的な人は、変革に対して慎重な態度をとるため、結果的には相対的にみて、経済的に市場志向で社会文化的に保守的になるというのだ[60]。

関連する議論として、人間には心理的に「右翼的権威主義（ＲＷＡ）」「社会的支配志向（ＳＤＯ）」といったものの強い人や弱い人がおり、これらが強い人は経済次元で右派的になったり、社会文化次元で保守的（右派的）になったりするという説がある。政治心理学が発達しているアメリカでよく研究され、それを裏付ける成果も出ている[61]。

他方、政治学者は各人が置かれた政治の文脈の違いや、政治的作為の影響を重視する傾向が強いので、政策争点に対する態度のつながり方は、国や時代によって違うと考える傾向があるし、その中で様々に異なる政治エリートや政治言説の影響力を重視する。

様々な争点に対する態度という問題については、日本を対象にしたものだけでも色々な研究があるが、[62] 社会文化的争点と経済的争点の相関の国際比較に絞ると、両者は基本的に独立しているという議論の方が国際比較の観点からは優勢のようだ。一般の人々の態度の間の関係性を、多くの国々を対象に比較検討したＣ・コクランの研究では、ほとんどの国で経済争点と社会文化的争点は結びつかないという結果が出ている。彼が博士論文で指摘した唯一の例外がアメリカで、アメリカだけは経済争点の態度と社会文化争点の態度の争点に弱い相関が認められていた。[63] アメリカは国際比較から見て特殊な国であり、例外的に社会文化次元と経済次元が結びつきやすい国のようだが、それはアメリカがＯＥＣＤ諸国で最も分極化が進展した国であることも関係しているかもしれない。[64]

政策争点ごとの結びつき方は一つではない、という点は政党政治レベルで観察するとよりはっきりする。顕著なのは、同じヨーロッパ内部での民主主義国の東西比較である。ヨーロッパにおける諸政党の政策空間上の位置取りを見ると、たしかに諸政党が二次元の政策空間上でとる位置は斜めの一次元の線に束ねられているものの、異なる政治的文脈を経験した西欧と東欧ではその軸の傾き方が完全に反転している[65]（図表2-4）。東欧では、経済的に右派的な主張を展開する政党は、社会文化次元でリベラルな立場をとる傾向がある一方、経済的に左派的な政党の方が、むしろナショナリズムを含めた社会文化的な保守軸に立つ傾向が強い。これは明らかに、東欧が経験した政治的文脈が違うということに依拠する。政治的文脈が異なれば、政治意識の間の結びつきやすさは違うのだ。

西欧と東欧の差異を強調したが、実は西ヨーロッパでも、新たに社会文化的な保守性を旗印に立ち上げられた新興「右翼」政党が、経済的には「左」へと戦略的に動いてきたと指摘される。[66] 政党は、有権者の支持を集めて勝たなければ意味がないので、戦略的に主張を調整する。そしてその戦略性は国や時代の文脈によってずいぶんと左右される。たとえばフランスの国民戦線は、１９８０年代ごろまではいわゆる新自由主義的な経済政策を唱えていたが、２０００年ごろになるとより幅広い層に訴えかけるために、労働者支援につながるような、経済的には左派ともいえるプログラムを展開するようになった。その結果、従来は共産党を支持していた人々の票を奪い、それまで共産党の支持が厚かった郊外の団地で急速に支持を増やしていったことがよく知られている。

こういった動きに対しては、右翼政党が（経済的に）左に動いてしまうことで従来からの支持者からの離反を招かないのだろうかという疑問が出そうなものである。これに関して、有権者は経済次元か社会文化次元のどちらかで右派的でさえあれば、「右派」と認知しやすいことがわかっている。[67] つまりこの例で言えば、国民戦線は、社会文化争点で右派的（保守

図表2-4：東西ヨーロッパの政党間対立の集約形態

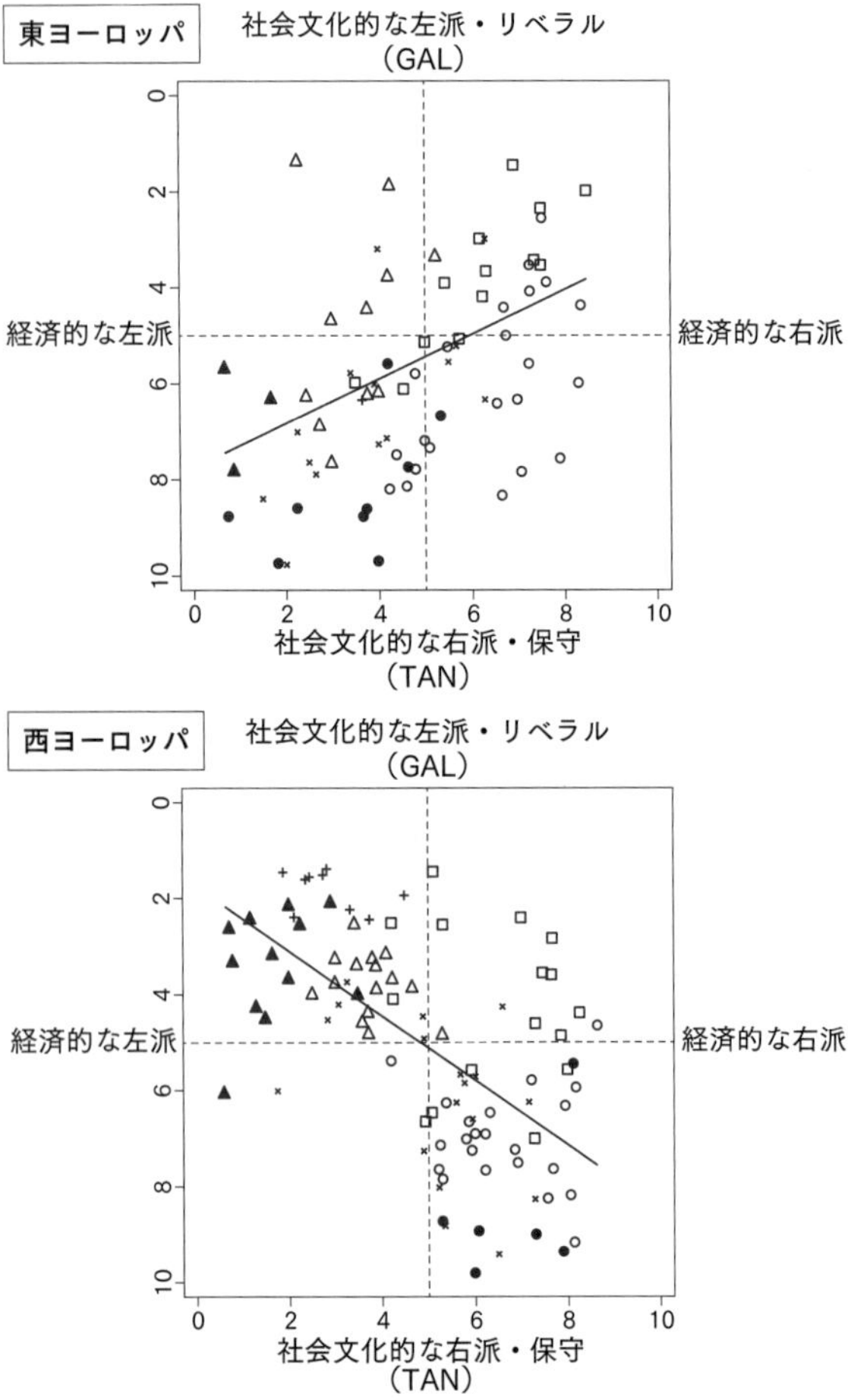

政党分類　●：極右 ○：保守主義 □：自由主義／リベラル △：社会民主主義
＋：環境主義 ▲：極左 ×：その他
出典：Marks et al. 2006を基に一部筆者修正

的）であることがすでに十分に有権者に知られているので、経済的な次元でどのように振舞おうと（右にいこうが左にいこうが）、従来の社会文化的保守層の支持を失わないのだ。

これは多分に、有権者の側でも社会文化次元の重要度が高くなってきていることとも関係しているのかもしれない。一般有権者が自身を右と考えるか左と考えるかの自己規定に対し、自身の経済政策上の志向よりも、文化政策上の志向の与える影響の方が、時代を経るごとに強くなっていると指摘されている。[68]

左右と結びつく価値観の多様性

ここまでの議論を整理しよう。左右といった時に、大雑把に言えば、経済次元の左右もあれば社会文化次元の左右もある。経済的な左右の位置取りと、社会文化的な次元の左右の位置取りは、その国や地域の政治的争点の文脈に沿う形で、相互にリンクしたりしなかったりしている。

人々が何をもって左右という言葉を意味づけているのか、確認しておこう。政治争点として世論レベルでも社会文化争点の重要度が増してきていることは紹介したが、どのような内実で人々が「左右」を捉えているのかはわかっていない。経済争点だけが重要ではない今日、右と左の言葉は「市場か再分配か」のみでは捉えられていない。

一般の人々の認識を無視して、研究者や政治家が「左右の定義はこうである」と議論しても、人々の世界観の中にある左右の意味を捉えていなければ空論に過ぎない。さらに言えば現実社会の議論を混乱させるだけである。

このような関心に基づく研究は、先ほど少し触れた心理学的なタイプの研究でも盛んで、どのような価値観や心理的特性と政治的左右認識がつながるのかという研究が存在する。先述した「右翼的権威主義」「社会的支配志向」からアプローチする研究もそうであるし、左よりも右の方が多様な価値を軸足に置く非対称性があるというJ・ハイトの『社会はなぜ左と右に分かれるのか』[69]もそういった流れに位置付けて良いだろう（ただしハイトの研究は用語法も含めてかなり特殊アメリカ的な側面が強い）。

どういった価値観と左右認識がつながっているのだろうか。ある価値観を重視しているか否かという態度と、その人が自分自身を右と位置付けているか左と位置付けているかの態度を見比べて調査すれば、ある社会の人々が全体的かつ暗黙に、どのような価値観の重視と政治的な左右を結びつけているか推測することができる。価値観の指標としては、シュワルツの価値理論と調査法が、文化的な影響を比較的受けづらいものとして利用されている。人の価値観は、概ね開放性と保守性という対立次元と、自己高揚と自己超越という対立次元の二次元に分けられ、それらがさらに細分化されておよそ10の価値観があると整理する。ここでそのすべてを示すことはできないが、たとえばキーとなる価値観としては、平等を重視する価値観は自己超越の中に、伝統を重視する価値観は保守性に含まれたりしている。

　実際にこのテーマで研究を進めたイスラエルのピュルコらは、各国の世論調査データを用いて、どのような価値観を重視するかと、その回答者の政治的左右認識が相関しているのかを検討した。[70] 彼らの発見は、概ね、平等志向のような自己超越価値観と、新規性等への開放性価値観を重視する者が、左翼であるとの自己認識を持つ傾向がある一方、富や力などを追求する自己高揚価値観と、伝統などの保守性価値観を重視する者が、右翼であるとの自己認識を持つ傾向があることであった。

伝統と平等を求める価値観

　ここまで読んだ方はお気づきになられると思うが、この対応関係は、ちょうど先ほどの政党政治の対立次元において、左派は経済次元で再分配を志向し、社会文化次元においてリベラルである一方、右派は経済次元で自由と競争を志向し、社会文化次元において保守的であることと対応している。

ただ、ピュルコらの研究が面白いのは、そのようなパターンが必ずしも国際的に共通なのではなく、むしろ特殊西欧的なものに過ぎない可能性を見出したことにある。特に、宗教的な保守性が高い南欧諸国の回答者は、自己超越と自己高揚の次元での価値観については、あまり回答者の左右自己認識と関係しておらず、もっぱら伝統などの保守性価値観と開放性価値観の重視度のみが、各人の左右自己認識と関係していた（ピュルコらは宗教vs世俗の対立が強い国でそうなると分析していた）。さらに少数の東欧では、こういった関係がほとんど見られないか、あるいは逆転しているケースもあることが示唆された。

ピュルコらの研究は少しデータが古く、また欧州諸国に分析対象が絞られていた。そこで筆者も同様の手続きを用い、近年かつ、より広範なデータで分析を試みたことがある。[71] すると、基本的には同じような三パターンの国々が表れてきた。まず、西欧諸国や北米諸国の多くは、平等志向の強さや開放性を重視することが左派自認を持ち、権力志向の強さや保守性が右派自認とつながっていた。しかし他方で、南欧諸国に限らず、非欧州の民主主義諸国の多くでは、平等性に対する態度はあまり左右自己認識とつながっておらず、もっぱら伝統等の保守性価値観か、変化への開放性価値観を持つかが、左右自己認識と強く相関していた。韓国や日本もこのグループに含まれていた。これは、日本においては左右対立の意味で経済的な次元の重要度が低いことと、整合的な結果でもある。

さらに、旧共産圏やラテンアメリカの民主化諸国では、この関係が逆になるパターンの国々も多く見られた。つまり、伝統などを重視する保守的な人が左派としての自己認識を持つ一方、新しいことへの開放性を重視する社会文化的にリベラルな人ほど右派としての自己認識を持つというパターンである。政治的変動を経験した国々では、左右というラベリングと保守革新というラベリングはまた違って観念付けられるのだろう。

ここで注意しておきたいのは、自らを左派と認識している人ほど平等という価値観を重視しているからといって、右派は不平等に価値を置いている、というわけではないことである（そういう人もいないわけではないだろうが）。それより、自らを右派と認識している人は、平等という価値とは違う価値を重視する人たちの集まりであると見るべきなのだろう。

その違う価値とは何なのか。政治との関わりで平等と対立的に布置されてきた価値観として、古典的には自由を挙げることができるかもしれない。自由に重きを置いているものは、政府への介入を嫌う。それは単に拘束を忌避するといった消極的態度ではなく、個々人の持つ才覚や能力そして美徳の発露を多様化させることこそが社会発展の基礎にあると信ずるからである。個人の才覚が発露される場としての市場があり、そこに政府による規制をかけないという、自由市場を志向することこそが、右の意味に位置付けられてきた（ただし個々人が自由におのれの才覚を発揮するためにこそ、政府の助力が必要だという観点もあり、この点は「リベラリズム」をめぐる第4章で再び触れる）。

ただ、自由を重視する価値観こそが「右派」ラベルの本質かと問われると、検証結果からは判然としない。人々の自由や創造性を重視する価値観は、西欧においては右派的な政治意識を結びつけられやすい傾向にあるけれども、国際比較的には微妙なところとなっていた。むしろ、より広範な国々において結びつけられていたのは、伝統的な価値観の重視という態度であった。[72]「右派」と自己認識する人々の間で、国家間の文脈的差異を超えて重視されているのは、伝統を重視する態度であるといえるだろう。その伝統として実際に重視されているものが何なのかはわからない。ある社会では言語かもしれないし、ある社会では宗教的な観念かもしれないし、ある社会では生活習慣かもしれない。平等という普遍的な原理ほどには、伝統の中身ははっきりしていない。しいて言えばブラックボックスであり、言ってしまえばそれは各国や各地域によって違う文化というものに帰着してしまうのかもしれない。

いずれにせよ重要なことは、伝統と平等こそが国際比較的には左右認識の中核にあるということだ。そしてナショナリズムが伝統と平等という双方の理念を大切にする観念であるということが、左右のどちらとも結びつきうるという次章のテーマとも関係してくる。

第3章

ナショナリズムと政治的左右の結びつき

本章では、ナショナリズムと「左右」の政治イデオロギーの関係性について検討する。特に、一般の人々が持つ、ナショナルな意識と、その人々が抱く自身の政治イデオロギーの関係性にアプローチする。すでに述べた通り、本書は世界で見られるナショナリズムを安直に右翼として整理する議論に対し慎重な検討を迫る。

ナショナリズムと左右

前章では、右翼と左翼とは何かという問題について検討し、ナショナリズムを含む争点がどのような関係にあるか整理した。現代は、経済ではなく社会文化をめぐる争点も非常に重要になっている。社会文化的に右翼だけれど経済的に左翼、社会文化的に左翼だが経済的に右翼、という姿勢がありうることを確認した。また人々は左右の自認を考える際に、平等と伝統という要素が重視される傾向にあることを整理した。

たしかに一般に、ナショナリズムは文化的な意味での右翼と結びつけられることがしばしばある。先述した社会文化的対立軸の議論もひとまずナショナリズムを社会文化的保守の次元に位置付けていた。伝統の重視が右の意味として多くの国で通用している現状において、既存の国民国家体制を支持する心の動きは、まさに伝統を護持するものとしてのナショナリズムとして、右と結びつきやすい面がある。

ただ、これはいくつかの場合において自明な関係ではない。たとえば、ナショナリズムは同じメンバーを平等に扱う側面がある。身分や生まれ持った貧富の差とは関係なく、同じネーションのメンバーを対等で同じように扱う意識は、ナショナリズムの中核をなしている。ナショナリズムは平等の論理でもあって、そしてこの平等を重視する態度は、それなりに多くの国において「左」と結びつきやすい理念である。「市民間の平等を強調することで、それは左翼的イデオロギーとなる。縦の連帯と外国人の排除を強調すると、右翼的だと言えよう」との指摘もある次第だ[73]。

実際に、左翼政党の中には反グローバリズムの観点から反ＥＵの主張とナショナルな主権の復活や主張を展開している政党もある。そういった平等理念とナショナリズムが強く結びつく国というものがありえるだろう。

この「左右」とナショナリズムの関係は、ＥＵ統合にフォーカスしても簡単ではない。欧州政治の比較研究によると、極めて右派的な政党にナショナリストで欧州統合へ反感を抱く政党があるのと同じくらい、極めて左派的な政党にも、欧州統合に反感を抱き、自国の独自の文化や政策決定を追求する勢力があるということがわかっている（左右の両極にナショナリズムを主張する政党があり、中間勢力が欧州統合に肯定的であることから、U字型理論ともいわれる）[74]。前章の**図表2-4**では、図中の左の方と下の方に、反ＥＵ政党が固まって存在していた。これが、西欧諸国の場合には、対立軸の両端でナショナリストの反ＥＵ勢力が現れる原因となっている。

この際左右で違うのは、ナショナリスト政党が現れる理屈・理由である。経済次元で左側の反グローバルナショナリストは、現在のグローバル化の進展が結局のところ、経済的強者のためのグローバル化であり、経済的に豊かな層がますますその地位を強める一方で、敗者に対する搾取がより強化されていると主張する。また、その立場から、ナショナルな主権の回復（とその力による人々の平等の回復）を主張する。社会文化次元で保守側の勢力は、自国文化を守ろうという意識からナショナリズムと反ＥＵを唱えている。つまりここでは極端に左派的な勢力と極端に保守的な勢力が結託しているのだ。

似たことは、２０１８年ごろにフランスで起きた大規模な反政府デモ「黄色いベスト」運動でも見られた。同運動は、反グローバル化・反エリートの左派的様相を持ちつつ、徐々に右派ナショナリスト勢力も競合していき、極端な左翼と右翼が同時に活動を展開する運動となった。同運動参加者に最も支持されていたのが極右のルペン、次点が左翼のメランションである点にもそれは表れているだろう。[75]

左右とナショナリズムの問題を考えるもっと根本的な問題として、そもそもナショナリズムは現状維持だけではなく、現状や伝統へ挑戦するロジックとして現れることにも目を向けないといけない。既存の国民国家の中において、その存在や声を無視されてきたグループの新たなナショナルな主張は、まったく現状の伝統に挑戦することになる。たとえば、スペイン内での自治（や近年は独立）を主張するカタルーニャの主張は、現状のスペイン国民国家体制を是とする立場から見れば、伝統的な社会共同体像への挑戦である。日本語読者に想像しやすいようにたとえるならば、日本の国民国家体制に挑戦し、地域独自の文化と自主独立を主張する勢力があるとする場合、それが日本では右と左のどちらにラベリングされると想定するだろうか？　おそらく多くの人は「左」と回答するのではないだろうか。[76]

いくつか具体的な例を、２０１０年代に民主主義諸国で見られた、目立ったナショナリズム運動と、その担い手の各国内での政治的立ち位置から確認してみよう。一例がイギリスである。国際地域統合に背を向けて自国自分下での独立を志向した、ブレグジットを主導したＵＫＩＰ党は、イギリスの政党間競争構造の中では右派に位置付けられている。そんなイギリスのＥＵ離脱が決まると、イギリス内部のスコットランド地域では、再びスコットランド独立論が高まった（スコットランド地域はもともとＥＵ残留派の多い地域でもあった）。スコットランド民族として独自の国民国家を欲する、ある意味古典的ともいえるナショナリズムの発露は、スコットランド民族党（ＳＮＰ）によって支えられている。同党が左か右かは、イギリス国内でも決まった見方はないようだが、一ついえる客観情報として、同党は国際的には欧州緑グループという左派政党グループに帰属していたことがある。

　これはどちらの理解が、ナショナリズムと政治的イデオロギーの関係性として、正解とか正しいといった問題ではない。すべてのナショナリズムにはその地域なり運動なりの固有の文脈があり、それが右派性を持つか左派性を帯びるかは、それぞれ違うのだということである。このことの理解をより深めていこう。

ナショナリズムと左右認識の国際データ比較

　ナショナリズムは、各国において右の論理なのか、左の論理なのか、はたまた無関係な（ないし両方の側面を持つ）のか。実際に、人々の意識はどうなっているのか二つのデータから検証しよう。一つは、世界価値観調査（ＷＶＳ）である。この調査は、世界最大規模の世論調査であることに加えて、ナショナリズムに多少関連するような設問と、回答者の左右自己認識を聞いているので、両要素の関係性を見ることができる。

もう一つは、早稲田大学の田辺俊介博士らが中心となって日本で行っている調査（「国際化と市民の政治参加に関する世論調査」）である。こちらは数年おきに定期的に実施されており、本書で用いるのは筆者もチームに加わった２０２１年調査である。

分析手法としては、単純に、両要素の相関係数がどうなっているかを確認する。相関であるため、どちらがどちらを規定しているという因果関係・前後関係は想定していない。あくまで、ナショナリズムに関する意識の強弱と、その人の政治的左右の自己認識の結びつきやすさを確認する（特にＷＶＳのデータは利用申請を通じて無料で入手できるので、気になる方は自分でも追加分析してみると面白いだろう）。

前章で、ナショナリズムを構成する三要素を挙げたが、ここでは最も価値中立的と思われる、国への帰属意識の強さが、それぞれ政治的左右の自己認識とどう結びついているかを確認してみよう。分析対象とデータは第2章と同じ38カ国である。

分析結果を見てみよう（**図表3-1**）。横軸に、各国を分析した結果の相関係数を置いてあ

図表3-1：国家帰属意識の強さと右派自認の相関係数

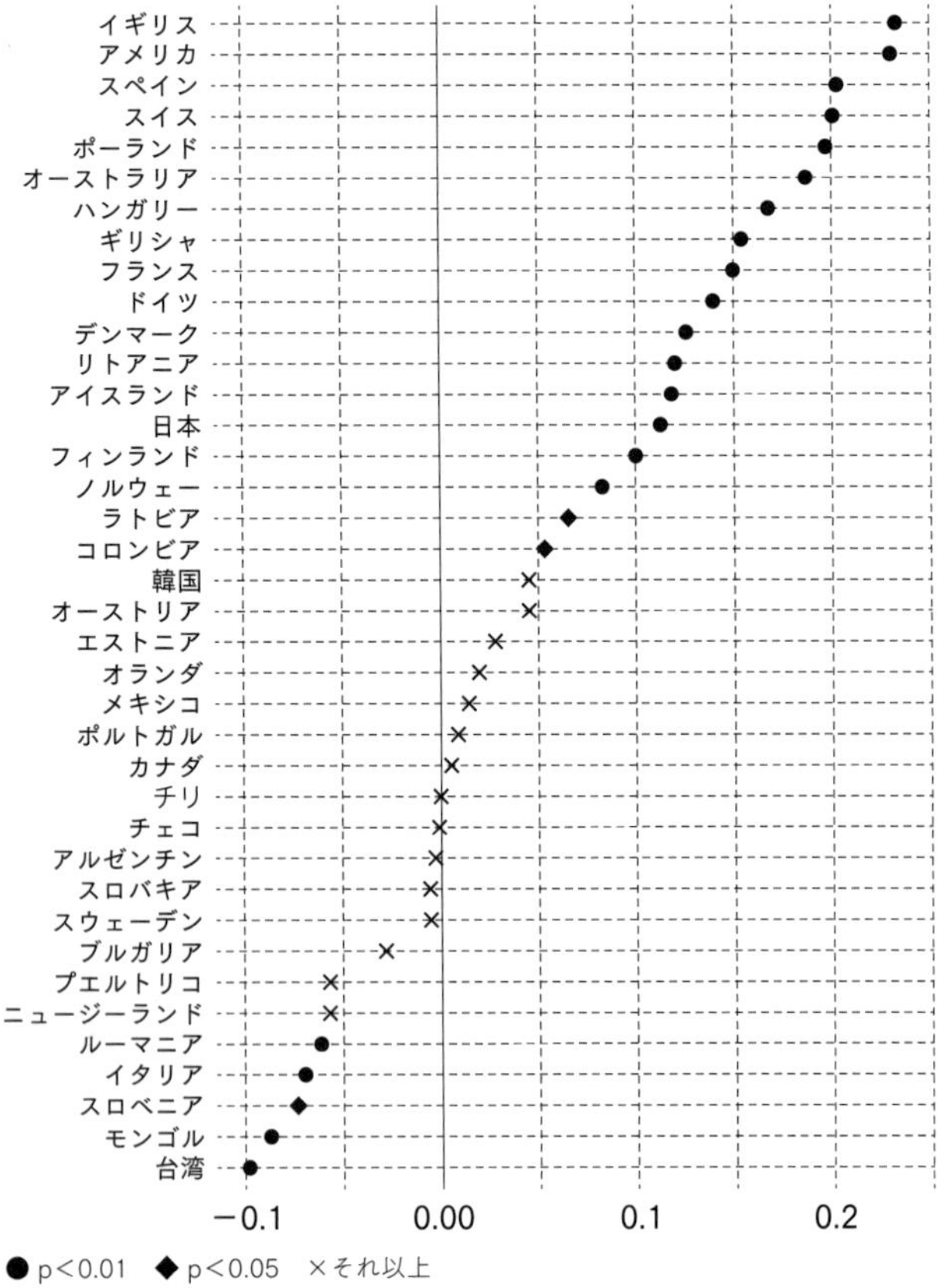

る。プラスの方は、国への帰属意識が強い（弱い）ことと、政治的に自身を右派（左派）と位置付ける傾向が強い国々である。反対に、マイナス方向の場合はその関係が逆転している国々である。ゼロ付近の場合、両者の間にあまり関係がないことが示唆される。●印や◆印の国々は、正負いずれにせよ算出された相関係数が、統計的に有意（$p<0.05$）であることを意味しており、×印の場合はそうではないことを意味する。世論調査はあくまでその国のデータの一部を抜き出したものであり、誤差が必ず含まれているから、算出された数値も確定的なものではない。そのあたりを考慮して、正負の関係があると言ってもよいか、判断を留保した方が慎重か、判断材料を提供していると理解してもらえればよいだろう。もちろん実際には、記号のようにはっきり関係の有無が分かれるわけではないので、参考情報として捉えてもらえばよい。

一番右（上）に位置するイギリスやアメリカから半数程度の国々では、ある人が自国のメンバーとして強い帰属意識を持っていること（反対に持っていないこと）と、その人が自身を右派（反対に左派）であると認識していることの間に、正の関係性がある。分析対象の半数程度の国々がこのパターンである。こういった国々では、自国に強い帰属意識を持つナショナリズムの働きが、右派という自己認識と結びついているといえるだろう。その傾向が最も強い国の一つがアメリカである。前章の分析からも示されたが、アメリカというのはこの手の論点においてはつくづく極端な国であるようだ。他にはスイス、フランスやドイツなど西欧の主要国が多く入っており、また日本もこのパターンの国である。こういった国々は、裏を返せば「ネーションへの帰属意識は強いが左派認識の人」「右派認識があるがネーションへの帰属意識の弱い人」という組み合わせの人々が少ない社会でもある。国際比較全体で見ると、正の関係性を示すこのグループが最大派閥である以上、たしかにナショナリズムを右派の政治論理としてしまう気持ちは理解できないことではない。少なくとも、ここに上がっている半数程度の国の中では、その国内における政治言説としては、ナショナリズムを右派の論理と結びつけて認識することは、あながちまちがっていないのだろう。

だが、残り半分の国々はこのパターンには収まらないことも私たちは知っておくべきだ。韓国からニュージーランドまでの15の国々では、ナショナリズムによる国への帰属意識と、その人の政治的左右イデオロギーの間に、はっきりした相関が見られない（もう少し正確に言えば、あるともないともはっきりといえない）。大まかに言ってみれば、ネーションへの帰属意識の強弱と、政治的左右認識の組み合わせとして、様々なパターンを持った人々が同じくらいの比率で国内に分布している国々であるともいえる。

たとえば韓国のナショナリズムは複雑である。韓国で文化的境界と政治的境界の一致という理念を追求し、そこから生まれるナショナリズムの意識が持たれる時、それは現在の大韓民国とその境界線への意識と北朝鮮への対抗を意味しているのか、あるいは朝鮮民族統一という、より大きな政治単位への理想に向かうのか自明ではない。というよりも、両者のナショナリズムがあると捉えるのが正確なのだろう。一般に韓国では左派政党の方が民族派だとかナショナリストだと言われるが、後述する国々のようにナショナル・アイデンティティが強い人ほど左派認識がある、というところまでは振り切れていない。韓国のナショナル・アイデンティティに、北朝鮮への対抗心／反共主義の存在は無視できないほどの重要性を有しているし[77]、調査での設問があくまで「韓国」への帰属意識を問うており、「朝鮮」への帰属意識を問うていないことも影響しているだろう。

チリやアルゼンチンといった南米の国々が並ぶのも興味深い。こういった国々は頻繁に（左派とされやすい）社会主義政権と保守政権の交代を経験しているが、そういった社会主義政権は反グローバリズムや反アメリカの観点から自国帰属意識を強めるナショナリズムに傾倒する向きもあるため、自国への帰属意識を強く抱く人が、右派認識を持つこともあれば左派認識を持つこともある、という関係が出てきているのだろう。

チェコの事例も興味深いかもしれない。チェコの政党政治では、一番右と一番左に、ナショナリズムを強く押し出す政治勢力がある。昨今、チェコで右側に位置するナショナリスト政党といえば、日系移民オカムラが率いる「自由と直接民主主義」の名前を挙げられる。他方で、伝統的には最も左に位置するボヘミア・モラビア共産党もまた、強固な反EU感情を有しており、ナショナル・アイデンティティの強調や反移民言説を繰り出す傾向がある。[78]

そして、全体としては少数派であるが、ルーマニア、スロベニア、モンゴル、イタリア、台湾では、ナショナル・アイデンティティの強さは、左派という自己認識とつながっている。裏を返せば、こういった国々で右派と自己認識している人々は、国への帰属意識が弱い人々である。ルーマニア、スロベニア、モンゴルの場合は、旧共産主義国ということが関連しているかもしれない。前章で述べた通り、これらの国々では、左派的であることと伝統志向であることがつながっている。

台湾は先述の韓国と似た状況にある。台湾にあって、ナショナリストであるということは、現状の台湾としての独立論を唱えることなのか、最終的な中国統一を目指していることなのか、理論的には一義ではない。なお公式の立場としては、統一を目指す右派の国民党が Nationalist Party を名乗っており、左派の民進党が台湾独立論を唱えている。本調査では、現況の台湾への帰属意識を問うているから、どちらかといえば民進党の立場に近い意識を聴取していることになる。その意識が強い者たちが、むしろ左派との自己認識の強い者たちであることになっている。

イタリアが、他の西欧諸国とは異なりここにきているのも興味深い事例だ。イタリアで右翼政党といえば、かつてはファシスト政党の残党を意味していたが、近年では北部同盟／同盟が有名であり、国際ニュースにもよく顔を出す。だが、この同盟は、いまはその立場を公式には放棄したものの、かつてはイタリアからの独立を主張している勢力であった。つまり、イタリアにおいて最も右の勢力は、イタリアという政治単位に帰属意識を持たない者たちによって構成されていたのであって、このことが、イタリアのナショナリズムと左右自己認識のつながりを他のヨーロッパ諸国とは違うものにしていると考えられる。

左右が「わからない」こととナショナリズムの関係

なお、ここまで読んだ注意深い読者であれば、「自身の政治的な左右が自分でもわからない人も多いのでは」と思うかもしれない。その疑問はまったくもって正しい。自分の政治的な左右位置を位置付けられない層については、わからないとする人がほとんどいない国もあれば、相当程度「わからない」と答える人が多い国がある。

たとえば、アメリカのように党派化が進んでいる国は、自分の政治的な左右位置が「わからない」と答える人は、本調査が用いているデータでは１・５％しかいない。このほか、ノルウェー（２・５％）、デンマーク（２・７％）、スイス（３・７％）など、国民生活に対する政党のプレゼンスが大きい国では、右にせよ左にせよ自身の立場を位置付けられない人の比率はかなり低い（そもそも、重ね聞きをしているのか、「わからない」回答が０％の国もいくつかある）。他方、ルーマニア（34・９％）、エストニア（30・１％）など、政治体制の変動を経験した国は、ここに混乱を抱き、自身の政治的左右位置を位置付けられない人が多い。日本の27・９％という数字も、実は国際比較ではかなり多い方に分類できる（そしてその効果は次節で検討する）。ただそれでもまだ世界全体では、基本的には自身の左右位置を答えられる人が多い。

では、他のナショナリズム意識（ナショナルプライドと排外主義）については、左右自己認識とどうつながっているだろうか。ナショナル・プライドについては、ナショナル・アイデンティティとの相関の強さを第２章で確認しているから、おおよそ先述と同じような結果が出ることが想定できるけれども、排外主義については独立した意識であるため、同じことはいえないかもしれない。

　実際に分析結果から示されるように、ナショナルプライドの強さや排外主義的態度の保有は、右派的な自己認識と相関することが、より多くの国で見られるようになってきている（図表3-2、3-3）。そういった意味で、自国に対して帰属意識を有しているという意味でのナショナリズムとは別に、愛国心や排外主義の強い人間を右派と呼称することは、ナショナル・アイデンティティに比べれば妥当であるといえるのかもしれない。

　ただ、それが普遍的な現象とまではやはりいえない。興味深い個別の事例として、ブルガリアとチェコでは、排外主義が左翼の認識とつながっている。これらの国では、移民に寛容な態度を持っている人は同時に右翼という自己認識があり、移民に排斥的な人は左翼という自己認識がある（そのメカニズム・理由については第2章で述べた通りである）。この2カ国は極端な例であるにせよ、その他の東欧諸国やラテンアメリカ諸国でも、排外主義が単純には右派認識とつながっておらず、似たような状況にある。

　台湾は、帰属意識の強さやナショナルプライド（この場合は台湾愛）が強い人は左派としての自己認識と相関していたが、その台湾でも外国人に対する排斥的な態度は右派認識とつ

図表3-2：政治左右とナショナルプライドの相関係数

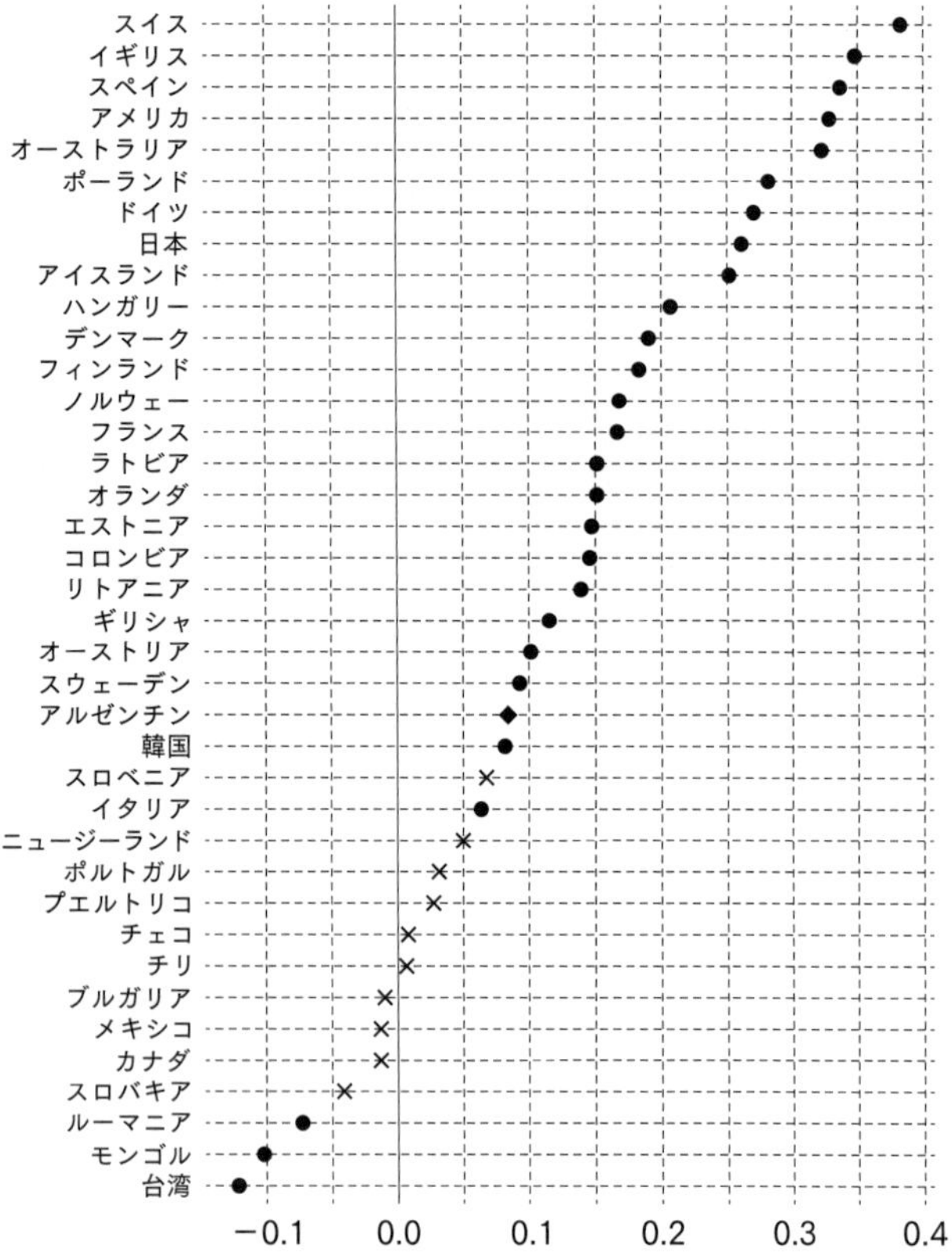

● $p<0.01$　◆ $p<0.05$　×それ以上

図表3-3：政治左右と排外主義の相関係数

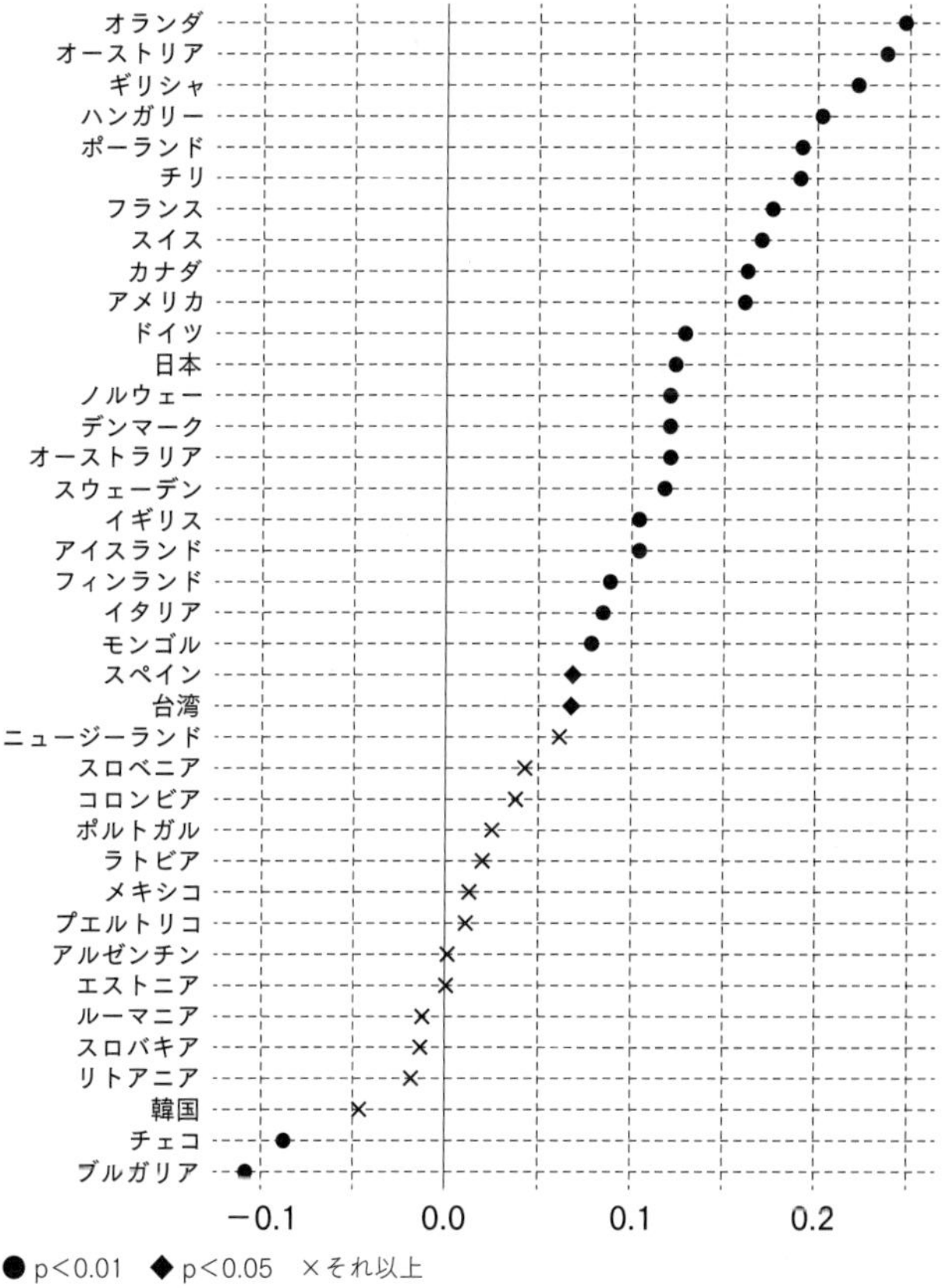

ながっており、これらのナショナリズム下位意識の一本化できない、単純ではないところが表れているともいえる。

日本におけるナショナリズム意識と左右認識

日本のことについて、もう少し詳細に見てみよう。近年の日本では、通念的にはナショナリズムは右派の論理として受容されている向きがある。たとえば新聞記事データベースなどで「右翼　ナショナリズム」などと検索すると２０００年以降多くの記事がヒットするが、「左翼　ナショナリズム」ではあまり多くの記事は現れない（現れるのはおおよそ選挙結果の記事等だ）。

ところが、小熊の『〈民主〉と〈愛国〉』でもよく論じられているように、歴史的には戦後しばらくナショナリズムや愛国が左派の専売特許であった時期もあった。個人主義を志向する右派・保守派に対して、「民族」の団結や真の愛国心を称揚したのはむしろ左派政党であったし、民族文化を守れと運動し、民族の自尊心を学校で教育せよと主張したのは、左派の労働勢力や教育者たちであった。[79]

だからこそ21世紀の日本で、人々の左右認識とナショナリズムがどのように結びついているのか、きちんとデータで確認することには意義がある。これについても、先述の「国際化と市民の政治参加に関する世論調査」２０２１年調査データをもとに確認してみよう。

同調査には、ナショナリズムに関する設問が大量に含まれており、そのすべてを本書で網羅的に分析することは現実的ではない[80]。そこで本書では五つの項目を抜粋した。

①　帰属意識：ＷＶＳと設問文は異なるが、研究によっては国への愛着をもって計測することもあるので「以下の国が好きか嫌いか：日本」への回答で代替した

②　ナショナルプライド：「日本人であることに誇りを感じる」への同意度

③　排外主義：「外国人が増えると異文化の影響で日本文化が損なわれる」という移民影響認知への同意度

ここまでは先述の国際比較とおおよそ似た項目だが、日本の分析ではこれに加えて、次の設問への回答も加えた。

図表3-4：日本のナショナリズム下位意識間の相関（N＝3079）

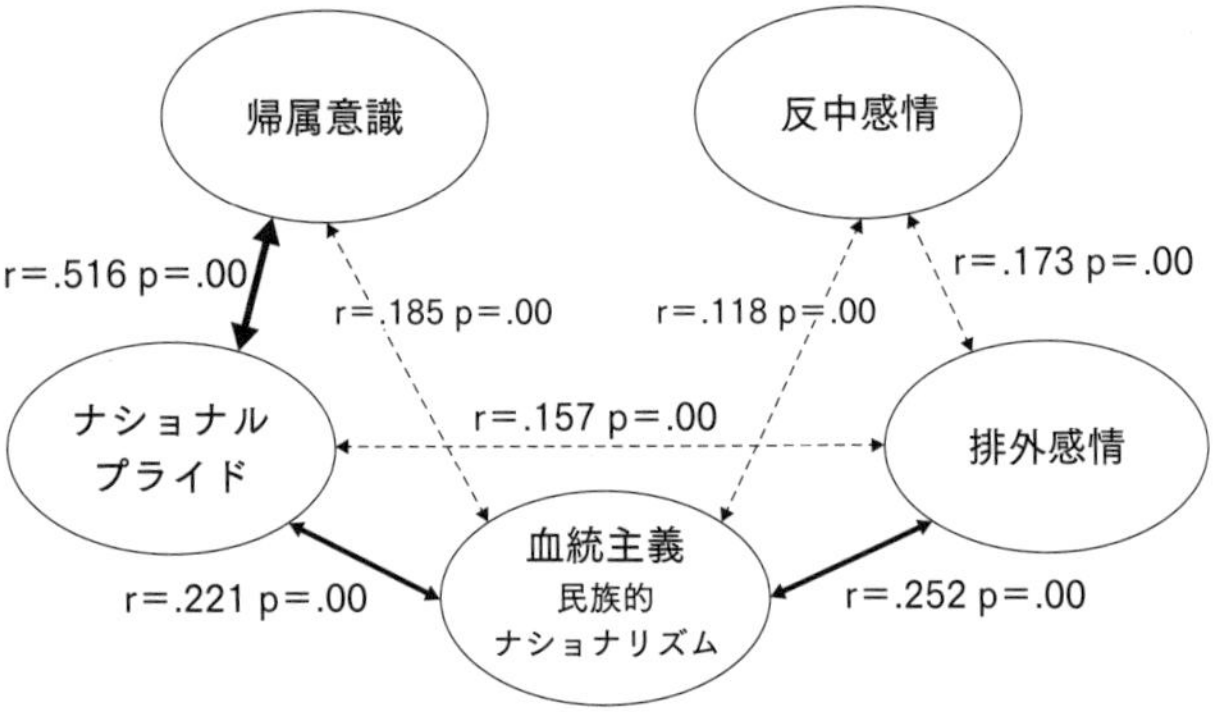

④　外国への対抗心としてのショービニズム：「中国が好きですか嫌いですか」への回答

⑤　同じ国民であるとみなす要素に狭い民族主義的／血統主義的要素をどの程度重視するかという民族的ナショナリズム：「ある人を日本人とみなすために次の要素はどれくらい重要ですか：先祖が日本人であること」への回答

まず、この5要素間の相関について確認したものが、**図表3－4**である。図中では相関係数を示し、係数の大きさによって矢印の太さを変え、相関係数（の絶対値）が0・1以下の部分と、明らかに統計的有意性のない部分については矢印を表記していない。

日本の有権者の、ナショナリズム関連意識の結びつきをその程度に応じて大きく分けると、ナショナルプライド／愛国心と排外主義を中心として、２グループに分類できそうだ。日本が好きという素朴な帰属意識はナショナルプライドと強く関連しているが、中国嫌いに代表されるショービニズムや排外主義とは相関関係がない。ナショナルプライドはエスニックな日本人要件と相関しており、無視できない程度には排外主義とも相関している。ただし、排外主義感情は民族的ナショナリズムや反中意識のショービニズムとの両方でより強く相関している。特に反中意識（としてのショービニズム）は排外主義とのみ実質的に相関しており、ナショナルプライドや帰属意識とはまったく関係がない。

全体として言えば、日本というネーションに対する肯定的な評価や素朴な帰属意識の発露と、外国や外国人に対する警戒感や忌避感は、緩やかな関係はあるがそこまで明確に結びついておらず、それぞれ別グループがそういった感情を抱いているといえる。これは、先述の国際比較の知見とも合致するし、日本には「愛国心が弱いが反中反韓」のグループが別個存在することを指摘した田辺らの研究結果[81]とも整合的である。

よって五つの意識をすべて網羅的に見続ける必要性は少なく、以下では日本のナショナリ

図表3-5：日本のナショナリズムと右派認識の相関

	ナショナルプライド	排外主義
全回答者	0.322***	0.181***
39歳以下（N＝525）	0.344***	0.086
40歳以上64歳以下（N＝1357）	0.284***	0.201***
65歳以上（N＝1002）	0.332***	0.184**

***p＜.01　**p＜.05　*p＜.10

ズムの二つの顔として、ナショナルプライドと排外主義に絞って、その含意を他の政治意識とともにみていこう（これは第4章においても同じである）。

まず日本の回答者のナショナリズム諸意識と、政治的な左右認識の違いはどうなっているのだろうか。左右自己認識設問と、それぞれの回答の相関係数を示す。基本的に直感的な結果ばかりが出ており、どちらの態度であろうと、ナショナリズム的な意見を強く持つ人と、政治的に右派として認識することが、相関している（**図表3-5**）。

ただし興味深い点として、この効果は世代ごとに違う。若い世代になるにつれて、移民の影響認知に代表される排外主義は政治的左右自認とは相関しなくなっている。これはおそらく、自国への肯定的な愛着や誇りの程度が、依然として若年世代でも政治的対立軸として認識されており、そのため政治的左右認識とつながっている一方、国内の外国人に対する態度は、社会の多様性が自明となりつつある中で、もはや政治化されていないためではないだろうか。

ただし、日本の回答者の一つの特徴としては、前節でも述べたように、左右が「わからない」と回答する者が多いことである。だが、その回答傾向を見ると、ナショナルプライドについては左右回答者平均値が1・82であるのに対し、「わからない」と答えた回答者の平均値は1・87でほとんど変わらない。排外主義についても、左右回答者平均値が3・31であるのに対して、「わからない」選択者のそれは3・32でほぼ同一である（なおどちらとも数字の小さい方がナショナリズム要素の強い回答選択肢となっている）。つまり、概して「わからない」回答者の意見の在り方は、自身の政治イデオロギーの左右を回答できる回答者の平均と同じ程度であることがわかる。日本では、自分の左右位置がわからないと答える人は、ナショナリズムをめぐる態度についてはおおよそ平均的な人と捉えてもよいのだろう。

なお、「自称・右でも左でもない普通の日本人」の人は、しばしば意見が偏っているという傾向のあることが知られている。[82] 詳細は割愛するが、本データにおいては中間値で回答した人々の意見の出方は、他の回答者と比べて特異なものではなかった。このテーマについては、（幸い？）「自称普通の日本人」効果はあまり及んでいないといってもよさそうだ。

単純ではない政治的左右とナショナリズムの結びつき

　ここまでの議論をまとめよう。ナショナリズムと政治的左右の結びつきは単純ではない。歴史的にも、そしてデータからも、左右どちらもがナショナリズムと結びついてきたことがわかる。それはナショナリズムの薄いイデオロギーとしての融通無碍《ゆうずうむげ》さとも関連している。重要なのは、世間一般の人々の意識の中で、ナショナルな意識を有することと、左右の意識を抱くことがどのように結びついているかである。分析結果から理解できることとして、たしかにナショナルな意識は、その多様性を考慮しても右派と結びつく国の方が相対的に多い。そして日本もまたそうであった。しかしここで「相対的に」と述べた通り、ナショナルな意識が政治的な左と結びついている国も相当数ある。

　政治的左右の意味合いは国によって異なるところがある一方、相当程度の国で、左の観念と「平等」が結びつき、右の観念と「伝統」が結びついている。そしてまさにナショナリズムとは伝統と平等を包含する概念だからこそ、どちらとも結びつく。また、ナショナリズムはその国の既存の国民国家像を強化する保守の原理であることもあれば、現行の政治体制に挑戦を突き付ける革新の原理となるケースもある。こういった複合的な理由により、ナショナリズムを単なる右傾化の論理としてのみ受け取ることには問題がある。

もっと言えば、両者が特に明確に結びつかないパターンもある。本書の知見に際して言うならば、半分程度の国では、ナショナルな意識が強いか弱いかということと、人々の政治的な左右認識はつながっていない。そういった国々で、仮にナショナリズムの高まりや、そういった政治的主張の高まりが見られたとしても、それは右傾化とはいいがたいだろう。

第4章

ナショナリズムとリベラルな政治的主張

「リベラル」をめぐる混乱

前章まで、いわゆる政治的左右とナショナリズムの間には、多様な結びつきがあることを述べた。この章では、社会文化的争点としてひとまとめにされる諸概念にも、時に緊張関係があることを明らかにしていこう。具体的には、ナショナリズムを含む意識と、社会文化的にリベラルな政治意識との関係を検討する。

第2章では社会文化的争点があることを示し、そこでは、環境問題や新しい価値観、伝統や権威主義といった様々な政治的な対立が束ねられていることを紹介した。ただし、そこでも述べた通り、この政策次元の組み合わせは、相当程度、西欧を中心とした現実の政治的展開に影響を受けたものであり、必ずしも理論的に固定されたものではない。たとえば厳密に言えば、環境に対する態度と国民国家に対する態度の間には、本来何の関係もない。権威や伝統に対する態度も、ナショナリズムに対する態度とはイコールではない。ジェンダー平等やLGBTに対する意識の問題と民族問題に関する意識は、同じものではない。

現実の事例が、これらがさほど単純な問題でないことを教えてくれる。たとえばアイルランドの強硬ナショナリストであるシン＝フェイン党は、北アイルランドとアイルランドの民族統一を目指し、イギリスに対する戦闘的対決も辞さない強烈なナショナリスト政党であるが、その一方で、新しい価値観としてＬＧＢＴの権利擁護に対して非常に積極的である。世界で最初に緑の党として政府首班になったラトビア緑の党とその前身は、環境を破壊するプロジェクトに反発する意見を表明する一方、ラトビア民族によるラトビア国家の独立を強く訴えながら、民族の自由と独立を主張したナショナリストとして環境運動を展開していた（またそのナショナリスト性ゆえに独立回復直後の政権を担った）。もちろん、ハンガリーのフィデスのように、反ＬＧＢＴをハンガリー文化の一部としてナショナリズムに結節させて主張する勢力もある。だがここで言いたいのは、そのつながりは、必ずしも自明のものではないということだ。

　私たちの多くは、環境問題に肯定的であることや、異なる性志向や性自認の人々の権利に擁護的であること、多様な自由を擁護することを「リベラル」と呼称する傾向にあるだろう。そして、しばしばナショナリズムは、リベラルの対極にあるようにみなされる。しかし、本章で示したいのは、今日の世界で「リベラル」と形容されることの多い価値観もまた、時にナショナリズムと結びつくということである。

この問題を深く考えるうえで必要なのは、リベラルという言葉を本書なりに確認しておくことである。率直に言って、リベラルという言葉は大変混乱して用いられているし、ナショナリズムと同様に、100人いれば100通りの答えが返ってきそうなテーマであろう。一定の解説は日本語でも良いものが出ているので詳細はそれらに譲るとして[83]、表層的ながらこの点を少し整理しておこう。

原義をたどれば、リベラルは自由を意味する。リベラル（あるいは主義としてのリベラリズム）は社会の個々人が多様で多元的で異なる価値と能力と目的を持つという前提を重視する。ここまでは、概ねどのような論者でも合意できる点であろうと思われる[84]。

ただし、そのために目指すべき政策的実践については、時代の変遷を通じて焦点が異なってきた。古典的なリベラリズムは、個々人の価値や能力の多元性を重視するからこそ、画一的な権力を用いて国家権力が個人の活動に介入することを嫌う。経済活動においても個人の資質を最大限に発揮するべく、個々人の活動に対して国家が保護したり介入したりすることに反発する。このようなリベラル像は右派のそれとラベリングされやすい。ヨーロッパ議会で「リベラル」の語を冠して活動していた欧州会派（欧州自由民主党 Alliance of Liberals and Democrats for Europe：ALDE）は、概ねこういった古典的自由主義勢力の政党によって構成されていた。アメリカの右派の中には、政府による介入を極端に嫌い、社会保障制度等にすら反対する者たちがいるが（アメリカ政治の文脈でリバタリアンといえばこれらの勢力である）、これもまた類似の発想であるといえよう。本書では、わかりやすくこれらを「古典的リベラル」と呼ぼう。

しかし、人間の自由を邪魔するのは、何も国家権力に限らない。あらゆる人が自由に自分の意思を持ち、自由に能力を生かして、その人生を発揮できるわけではない。たまたま貧困な家庭に生まれてしまったがゆえに能力を発揮する機会にたどり着けないことがある。性差と差別ゆえに教育機会に制限を受けることがある。民族の違いによる差別から自由な行動を制限されることがある。つまり、個人がそれぞれに持つ自由で多様な資質や能力の発揮を阻害するのは、国家だけではなく、出生時にすでに偶然に与えられた経済的格差や、性的・民族的マイノリティを取り巻く構造的差別なども含まれるのだ。

こういった社会経済的な構造による障害こそ取り除いていかなければ、真に個人の自由は達成されないという考えが、かつてニューリベラルとか社会リベラルと呼ばれた運動である。個々人の社会経済的な制約を除去するためには、公的な福祉再分配などの是正措置を進める必要があるが、そこではむしろ国家や政府の役割こそが大事になる。国家が経済に積極的に介入し、より多くの税金をとってより多く必要な所に分配することは、経済的にはまさに左派が好んで実施してきた政策である。歴史的・文化的に残存している差別構造への異議申し立てを行い、その構造を打破するための規制を国家に求めることもある。アメリカで「リベラル」といえばこういった政策を推し進める中道左派の民主党を指すし、日本でも近年はこういった政治勢力のことが「リベラル」勢力として称されるようになってきている。本書では、わかりやすくこれらを「現代的リベラル」と呼ぼう。

余談だが、こういった現代的リベラルの考えをさらに推し進め、社会正義のためには他者の自由や権利を著しく制限するのもやむなしという意見まで、リベラルと他称・自称してよいのかは判然としない。定義上はリベラルの原義にむしろ反しているというべきだ。そういった主張は、それはそれとして過去からあり、急進派（ラジカル）とか進歩派（プログレッシブ）と呼ばれていたように思われる。実際、アメリカの民主党のうち特に極端な左派のグループはリベラルではなくプログレッシブと（おそらく当人たちは誇りを持って）自称している。

このような「リベラル」という用法の変化は、若干の時間的変動に伴って発生している。一般にリベラリズムは国家が市場や国民生活にあまり介入しないという意味での古典的リベラリズムの用法が主流だった時代から、個人の自由を発揮させるためにこそ貧困や構造的差別を解消するべく、国家が種々の介入をするべきだという現代的リベラリズムの用法へと徐々にシフトしてきている。概して大陸欧州では前者の用法が残っており（欧州議会会派名などでもその傾向がある）、英米圏では後者の意味で用いられる傾向があるが、はっきりと地域別に分かれるわけではなく、あくまで相対的なものである。

　日本ではリベラルといえば、戦前のオールドリベラリストのことをながらく指していたから、それは美称というよりは蔑称・悪口に近く、およそ政治勢力が自称するようなラベリングではない時代が長かった。近年では急速に、おそらくアメリカ的用法の普及に伴って、現代的リベラルのことを指す言葉として定着しているように思われる。苅部の指摘によると、日本でこの手の用法でリベラルという言葉を（良い意味で積極的に）使いはじめたのは、１９９０年代初頭の政治改革期に新党さきがけに合流した勢力だとされており[85]、比較的新しいことがわかる。

リベラル・ナショナリズムの実態と変化

　さて、問題はこういった現代的リベラルな政治思想と、ナショナリズムが果たしてどのように結びついているかという実証的なところにある。たとえば経済的な意味で弱者救済を行う福祉の拡充といった政策は、必ずしもナショナリズムの議論の正反対にあるわけではない。むしろ、「福祉排外主義」という言葉があるように、福祉政策を肯定することと、ナショナリズムの一部でもある排外主義的態度が結びつく現象も多々見られている。そこでは、福祉と再分配に賛成する意識と、しかしそれを外国人には与えたくない／外国人が増えることで福祉負担が増えることを望まない、というナショナルな意識が渾然一体となっている。

一般に、経済的負担と移民の問題に関しては、「職の競合」と呼ばれる仮説（神話）が根強く存在してきた。移民が流入すると、それと仕事を奪い合う人々が移民流入に反対するという説である。ただ、これは欧米の研究でも日本の研究でも、あまり実証的な根拠がないという調査結果が多い[86]。たとえば、もし仕事の奪い合いが移民への反感へとつながるのであれば、自分と同じような社会的階層の移民を嫌うはずだろう。背景に想定されているのは、高学歴層は同じような仕事を奪う可能性がある高学歴移民を嫌い、低学歴層は同じく低学歴移民を嫌うという根拠なき論理だ。ところが、様々な研究から明らかになっていることとして、高技能・高学歴の人も、低技能・低学歴の人も、ひとえに低技能・低学歴の移民を嫌うことがわかっている[87]。この理由は、仕事の奪い合いというメカニズムでは説明できない。

それにかわる説明としては、低技能・低学歴の移民が、福祉の受け手になり社会全体の負担となることを嫌っているという議論がある。要するに、低スキル層の移民は納める税金は少ない一方で、失職してその国の社会保障や福祉の世話になる可能性が高いので、国家全体の財政上の負担になるから、万人から嫌われやすいという論理である。さらに、この低技能移民が嫌われる効果は、北欧のように福祉が充実している国々や、労働者の諸権利がよく守られている国ほど強い、という研究結果も出ており[88]、人々の間での助け合いという福祉の理念が、その実、同じ民族的同胞というナショナリズムの原理を前提としており、それと文化を共有しない者たちに対しては向けられていないことを示している。

そしてこういった態度を示しているのは何も悪人や利己的な人間だからではないこともわかっている。むしろ利他的で社会全体のことを考える規範意識もある人々も（むしろそういった人々だからこそ）、移民を忌避する傾向があるとする研究結果がある[89]。そういった意味で、第1章冒頭でも言及したデンマークの社会民主党が反移民に舵を切ったことは理論上ありえる現象だったといえる。北欧は全体的に福祉が充実しているイメージ（と事実）があるが、それを牽引してきたのは現地でながらく左派の社会民主主義政党が強力な政治的権力を持っていたからであった。デンマークの社会民主党もその例に漏れない。そんなふうに福祉を拡充して人々の平等を実現してきた左派政党である「にもかかわらず」反移民なのではなく、「だからこそ」反移民政策へと舵を切ったともいえる。

福祉や再分配という現代的リベラリズムの発想が、ナショナリズムの発露の源泉となっている。こういった問題は21世紀の近年に限った話ではなく、実証的には「リベラル・ジレンマ」という問いとして、政治思想分野では「リベラル・ナショナリズム」という言葉のもとで、ずっと議論されてきたことでもある。[90]

ジェンダー・ＬＧＢＴ争点と排外主義

そしてこの問題は、何も福祉や再分配のトピックに限らない。男女平等やＬＧＢＴ権利の推進もまた、社会的蹉跌や因習からの自由をもたらしてきた。これらの運動は、現実の因習やそれからくる差別に対して変革を企図するものとして、一般的には左派政党が推し進めることが多かった。新しい権利に擁護的な意見や人々は、移民や異文化流入にも寛容で、ナショナリズムから距離をとっていることが多かった。これは、いずれものグループが、既存の社会規範や主流文化の中では相対的に弱い地位に置かれる構造的差別のもとにあり、特に左派がこの不平等を改善するという意味において、政治的な結節点となってきていたからであった。

ところが、このような側面は（良いか悪いかの議論とは別に）ねじれてきている。というのもジェンダーやセクシュアリティにおける開放的な価値観が、ナショナリズム（しかも排他的なそれ）へと結びつく動きが表れているからだ。

わかりやすい例としてフランスの問題を取り扱った研究を紹介しよう。フランスには反移民を掲げる政党として、国民戦線／国民連合がある。この政党の支持層は、かつては中高年の男性で権威主義的なパーソナリティーを持つ者が多いとされてきた。ところが、近年の世論調査から明らかになったのは、いま、このフランスで最もナショナリストともいえる国民連合の支持者の相当程度が、高学歴の若者で、親ＬＧＢＴであり、フランスの自由とリベラリズムを擁護する人々によって構成されているという驚きの事実だ。そのグループは、フランスの自由と平等を守るというリベラルな価値観のもとに、移民に対して排他的で不寛容な態度をとっている、ということである。[91]

これは同性愛に関する態度に限ったものではなく、フェミニズム争点でも類似の現象が起きている。ジェンダー政策と反移民政策への態度の調査を長期的に分析した研究からわかったのは、高齢者層では依然として女性差別的かつ家父長制的な思考を持つ人々が同時に反移民の態度を有していたのに対し、１９８０年代以降生まれの世代に限定すると、女性権利を擁護することと移民の権利を擁護することに、（正の関係ではなく）負の関係が見られるようになってきていることだ[92]。つまり、若い世代では、ジェンダーイシューでリベラルな層ほど移民争点ではナショナリストであり、ジェンダーイシューで保守的（要するに男女差別的）な層ほど移民争点では寛容でリベラルであるというねじれが見られるようになってきているのだ。ジェンダー争点においてリベラルであるにもかかわらず反移民なのではなく、ジェンダー争点でリベラルだからこそ反移民、という様相が表れつつある。

実は、これらの現象は「ホモナショナリズム」「フェモナショナリズム」という用語があてられて、学術的には実証研究を含めて幅広い研究対象となってきている。何もフランスだけで起きている特殊なことではない。ノルウェー、スウェーデン、スイスでも、ＬＧＢＴの権利に肯定的な人ほど（そうでない人よりも）反移民の極右政党を支持する傾向が強いことが明らかになっている[93]。

有権者のうち相当程度がこのグループであるといわれており、ヨーロッパ対象の研究では「ジェンダー平等を志向する一方で反移民の人々が15％」とも「同性愛に肯定的だが反移民の人々が65%」とも試算されている。[94] そういったインパクトの大きさからか、最近では日本のジャーナリズムや新書等でも、当該現象・当該概念が紹介されるようになっている。[95]

注意してもらいたいのは、これらの研究群は、別に同性愛者やフェミニストが反移民の排外主義者だと主張しているわけではないことである。むしろ、こういった異なる争点における立場の重複性が、かつてほどには自明なものにはなっておらず、それぞれ別個の争点としての独立性を増していることの表れである。国が違えば、これらの政治意識の関係性は異なったものとして表れるのだ。

また、これらの知見がヨーロッパを対象とした研究という点で留意が必要なのは、ヨーロッパの場合、自由と多様性を共有できないから移民を受け入れたくない、という意見が想定している移民像が、決して抽象的で無色透明の移民ではなく、いわゆる中東・北アフリカ圏のムスリム移民であることだろう。だから、ここで指摘した現象も、もっと正確に言葉を用いるのであれば、リベラリズムとナショナリズムの結節というよりも、リベラリズムの名のもとに行われるイスラモフォビア（イスラム嫌い）とするべきだという見解はありうるかもしれない。

ではヨーロッパ外も含めて実際に世界価値観調査のデータも見てみよう。ここでは、そこまで明確な排外主義との関係ではなく、もう少し中立的な設問である国家への帰属意識の強さを用いて、そういったフェミニズムや同性愛にまつわるリベラル／保守との関係性を確認する。用いる設問は、男女同権に反する保守的態度（「政治の世界においては男性の方が女性より優れている」という設問への是認度）と、「同性愛は是認されるべきか」という設問への（10段階）回答である。

分析の結果（図表4－1）、半数程度の国では、国への帰属意識を強く有することと、男女同権に賛成する態度の間には負の相関がある。つまり、ナショナリストが性差別的である傾向が強い国々だ。たとえばアメリカや日本、イギリスやポーランド、韓国と台湾といった国々がここに入る。

だが、ナショナリズムと保守的な性別役割分業意識は、エストニア、フィンランド、メキシコといった国では、あまり結びついていない。さらに、スウェーデン、カナダ、ノルウェーといった国々では、強いナショナル・アイデンティティを持つことと、男女平等を肯定することの間に正の相関がある。つまりこれらの国々では、フェミニストであることとナショナリストであることが同居する傾向が強いのである。また、その裏返しとして、これらの国々ではナショナリストではない者たちこそが女性差別を助長している傾向がある。

図表4-1：男女同権あるいは同性愛への賛意と ネーション帰属意識の相関

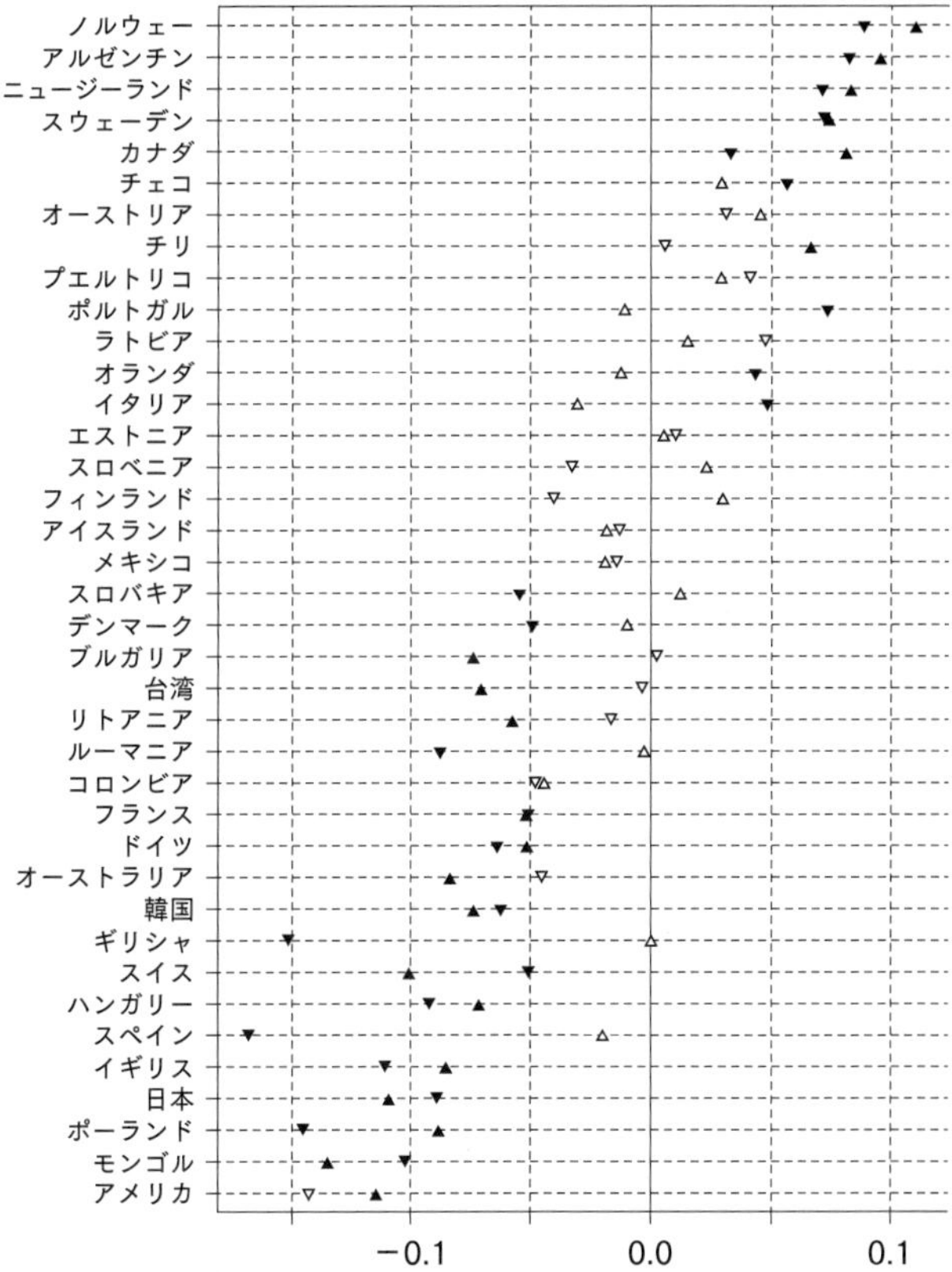

△：男女同権賛成と帰属意識の相関係数　▽：同性愛肯定と帰属意識の相関係数
黒塗りつぶし：$p<.05$

同じようなことは、ＬＧＢＴの権利に対する是認志向についてもいえる。一定数の国々では、ナショナリズムの意識を強く持つ人は同性愛に対して保守的な態度をとり拒否する傾向が強い、というような相関関係が見られるものの、これは普遍的な傾向ではない。おおよそ先ほどの男女差別における保守性との関係で示された国々と同じような傾向であるが、特にアメリカ、モンゴル、ポーランドは男女同権とＬＧＢＴ権の双方の論点において、保守的であることが国への強い帰属意識と相関している。両相関係数の平均値で順序づけると、アメリカがまたしても自由民主主義国で最も極端な国であるとわかる。

イタリアとポルトガルのように、男女同権の意識とナショナル・アイデンティティの強さは相関していない一方で、同性愛者の権利を擁護するという意識だけがナショナリスティックな意識の強さと相関している国々もある。

ただ、本章のはじめの方でも述べた通り、フェミニズムや同性愛擁護の主張とナショナルな意識が結びついてきたのは、一定の歴史的文脈があってのことであった。もし仮に、男女平等やＬＧＢＴの諸権利が当たり前である（あるいは当たり前であるべきと考えられている）社会があれば、そこでは男女平等やＬＧＢＴを擁護することとナショナリストであることは何ら矛盾なく共存するかもしれない。そういった国において「なぜＬＧＢＴの権利を擁護するのにナショナリストなのですか？」と聞くことは、たとえて言うなら、「なぜあなたは左利きを許容しているのにナショナリストなのですか？」と聞くほどに突拍子もないことのように聞こえるのかもしれない。そう考えた時に、男女同権や同性愛を擁護する言説とナショナリズムの意識が結びつくことを、もし私やあなたが不思議だとか意外だと思ったのだとすれば、それ自体私とあなたの中に暗黙の差別感情が残っていることの証拠なのかもしれない（逆に言えば、そういった暗黙の差別感情がなかった読者には、この節の話は意外とも面白いとも思われなかっただろう）。

環境保護運動とナショナリズム

もう一つの論点が、環境保護運動とナショナリズムの関係である。一般に、環境運動が左派の運動とされ、ナショナリズムが右派の運動と認識されている限りにおいて、両者は結びつかないように思われる。第2章で扱った政治的対立の二次元モデルでも、環境運動は新しい価値観の一つとして、社会文化争点におけるリベラル側に、ナショナリズムは伝統的価値観の一つとして社会文化争点における保守側に置かれていた。

しかし、なぜ環境保護とナショナリズムが対立する位置にあるのか、立ち止まって考えるとよくわからないところがある。文化と政治の関わりについてある一定の政治意識を持つことと、環境問題について何かしらの態度を持つことは、本来は別次元の話であって、ナショナリストであるかどうかと、環境運動を推し進めるかどうかは、それぞれ別個に存立しうるからである。[96] 伝統的に、環境問題をめぐる政治争点としては、ヨーロッパの緑の党などが有名で、それは経済成長よりも環境保護をという文脈で１９６０〜70年代に急成長を見た領域である。環境保護運動が大きな政治運動であることは、21世紀の今日になってもグレタ・トゥンベリの「未来のための金曜日」運動からなる気候正義（Climate Justice）の問題や、２０２２年のエネルギー価格高騰時に見られたやや過激な活動などを含めて、重要な政治争点上の態度であり続けていることからわかる。

今日、環境問題を重視することと、ナショナリズムに対する態度は、どのようにつながっているのだろうか。これについては、反目するという考えと、親和するという考え方がありうる。一般に環境運動等は、経済発展を第一の目的とする考え方に対する挑戦としての側面を持つ。伝統的な政治の目的である、人々を富ませ食べさせ分配するという経済成長の観点に対しては、それだけが人類の目的ではないという視点から挑戦する。もしそういった対立構造がある中で、ナショナリズムが伝統的な政治の在り方の一環として受容されている場合、ナショナリズムは環境主義から見て打破すべき敵側の陣営になりうるし、ナショナリズムからしてみれば環境運動は自国の伝統的な文化の在り方に対する脅威として映るだろう。

　他方、両者は密接に結びつくこともある。自国の伝統文化をその豊かな自然と牧歌的風景の中に求め、その生活様式こそが自分たちの本来の生き方であり文化であると主張する場合、ナショナリズムと環境主義は手を取り合うことになる。『私たち』の山や丘、私たちの川や湖や草原、それらの格別な美しさを賞賛しないナショナリズムなど考えられない[97]」とはナショナリズム研究の第一人者スミスの言だ。環境主義からみて、ナショナリズムは、ありうべき自然と調和した自分たちの本来的な生活様式を回復しようとする運動となり、ナショナリストにとって環境主義の主張は自分たちの生活様式の姿を提供する原理となる。祖国の自然と環境を取り戻せ、というたぐいの主張が生まれる時、ナショナリズムと環境主義はむしろ同じ方向を向くことになる。この現象は、「エコナショナリズム」「環境ナショナリズム」「緑ナショナリズム」(Eco-nationalism/Environmental nationalism/Green nationalism) などの様々な名称のもとで、学術的にも議論されている[98]。

　こうした現象についてデータは何を語っているのだろうか。ここでは、世界価値観調査の設問にある、「経済成長と環境保護のどちらを優先するべきか」という設問と、ナショナル・アイデンティティの強さの相関係数を確認した。経済成長よりも環境保護を優先するという意識の強さと、ナショナル・アイデンティティの強さが、逆の関係（負の関係）にある場合、その国では両者は相反するものとして政治的対立軸を構成している。対して、両者が相関している（つまり環境保護主義とナショナリズムの親和性が高い）場合は、正の値が出てくる形をとっている。

結果（図表4-2）を見ると、アメリカをトップとして、一部西欧諸国の間では、たしかにナショナル・アイデンティティの強さと環境主義は負の関係にある。こういった国々では、環境を保護しようとする意識を持つ者と、ナショナリズムを重視する者は、相反する政治意識を有していることになり、政治的にも対立していることが想定される。

しかし同時に、この結果は、こういった環境主義とナショナリズムの対立関係が、一部の欧米先進諸国に限定される傾向に過ぎないのかもしれないということを語っている。たとえば、日本や韓国、台湾ではこういった両意識の間には、統計的に有意な相関関係は特に見出されない。つまり、こういった国々では、環境を保護するかどうかといった論点と、ナショナリズムを心に抱いているかどうかは、別次元の話になっている。あるいは様々な組み合わ

図表4-2：環境保護思考と ナショナル・アイデンティティの強さの相関

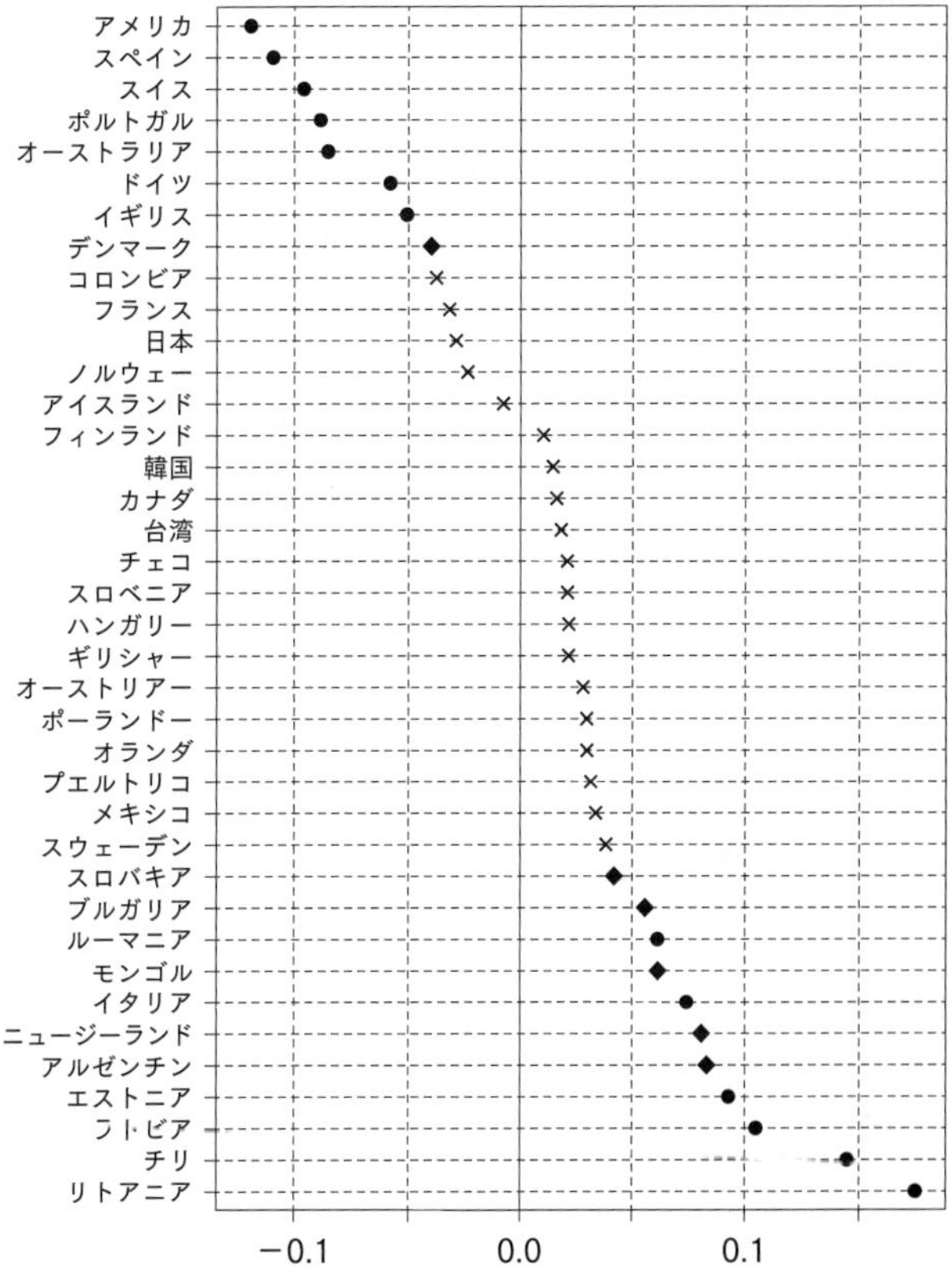

● $p<0.01$　◆ $p<0.05$　×それ以上

せのタイプの意見を持つ人がいるということなのだろう。実のところ、世界ではそういった状況が最大派閥であるようにも見える。フランス、ノルウェー、カナダ、オーストリアなどもこのグループに含まれている。

そして反対に、環境を保護しようとする運動とナショナリズムが結びついている国々がある。ルーマニア、ニュージーランド、アルゼンチン、ラトビア、リトアニアといった国々では、経済成長より環境保護が重要だと思っている人ほど、同時にナショナルな帰属意識を強く持っている。環境ナショナリズムが強い国々がここに当てはまる。

こういったねじれが出ているのもまた、環境運動がどのような政治的文脈で現れてきたか、という国ごとの違いが影響をしているのだろう。先述したように、西欧先進諸国において、環境主義の政治は、既存政治に対するチャレンジャーとして登場した。畢竟《ひっきょう》、それは左派としての性質を帯び、経済成長を旨とする保守的な政党に対する挑戦者としての側面も持っていた。オーストリアの２０１６年大統領選挙が、環境運動を推す緑の党と、ナショナリスト自由党の間で争われたのは、それをよく象徴しているといえるかもしれない。

他方、東欧諸国での環境主義運動は、１９９０年代の民主化や独立運動の文脈の中で、広い意味では社会主義体制への挑戦者として現れてきたから、民主化後の社会においてはむしろ体制変動を果たした既存政治勢力として立ち現れた。そのため、実は東欧諸国よりも早くに、こういった環境主義勢力が政権与党に参加するということを経験している。

たとえば、ラトビア緑の党は１９９５年に、ルーマニア環境党は１９９６年に、リトアニア人民緑連合は２００４年に政権与党となっている。「緑の党」が世界で初めて政府首班になったのは２００４年のラトビアであるが、ラトビアの緑の党はまさにソ連の開発からラトビアの自然を守らんとする、ナショナリズムと環境運動の結節によって誕生し、その独立後の政治における枢要な地位を占めていた。こういった国々では、環境運動は「保守」勢力の一翼を担い、ナショナリズムとも親和性が高かった。そういった考え方のつながりが、その国に住む人々の意識の中でも現れていることが、先述のデータからも示されている。

もちろん、政治的文脈だけですべてが説明できるわけではないことにも注意したい。環境問題と一言でいったとしても、何が重要な環境問題かというのは国によってずいぶん変わるから、それがナショナリズムと環境主義の関係性を国によって違うものにしている側面は多々ある。たとえば、気候変動対策のような明らかに国境を超えた連携が必要な問題への対応が争点になっている国と、美しい自国の里山の自然を守ろうとか工業地帯の大気汚染をどうにかしようといった、一国内で相当程度完結する事柄が主要な環境問題になっている国では、環境保護意識とナショナリズムの関係性をめぐる文脈が一意には決まらないだろう。
なお紙幅の都合から割愛するが、前掲の傾向はナショナル・アイデンティティの設問をナショナルプライドに変えても概ね同じ結果であった。[99]

日本のナショナリズムと社会文化的リベラル

このテーマについても、日本の調査である「国際化と市民の政治参加に関する世論調査２０２１」のデータを用いてもう少し詳しく接近してみよう。先に言っておけば、このテーマについては本書を手に取っているような日本語読者から見てあまり意外な結果はないかもしれないし、おおよそ直感的な結果が出てくる（基本的には保守的な人がナショナリストである）。それでも、何がいえて何がいえないのかについて、表面的にも実証的データでも同じような傾向が出てきているのか、確認することは重要だろう。

同調査では、日本の非経済的争点／社会的話題に関する態度の設問としていくつか含んでいるが、ここでは、「権威ある人々にはつねに敬意を払わなければならない」（権威主義）「夫は外で働き、妻は家庭を守るべきだ」（男女同権）「同性同士の結婚を可能とするように法的整備をすべきだ」（LGBT権利）の三つの設問を用いてみよう。それぞれの設問に対する態度と、ここまでも用いてきた日本のナショナリズム設問のうち二つ（ナショナルプライドと排外主義）の間の相関関係を確認した（図表4－3）。

日本での調査では基本的には、ナショナルな意識の強さが保守的な社会文化的争点態度と関係している傾向が見出された。一つ一つ確認する。

ナショナルプライドについては、それを強く持っている人ほど、権威を重視する態度と、同性婚を許すことに反対する態度が相関していた。他方で、男性と女性の性別分業を肯定するようなジェンダー規範との間には明確な相関はなく、ある種の向社会的なナショナリズムと男女差別意識は日本の有権者内でも結びついていないことがわかる。

外国人や外国への忌避感情については、それが強い者ほど、同性婚を許すことに反対し、かつ男女別の性別役割分業を肯定する傾向があり、性規範について保守的な傾向を持っており、さらに権威に対しても肯定的な態度を有している。

日本の有権者の間では、ナショナルプライドや愛国心の強さは、反外国人／反外国感情とそこまで強く相関していないことが確認でき、二つのタイプのナショナリストが別々に存在していることは、すでに指摘した通りである。この二つのグループは、社会文化的な価値観

図表4-3：日本の社会文化争点態度と
ナショナリズム諸意識の相関関係

	権威主義： 権威ある人々にはつねに敬意を払わなければならない (1そう思う－そう思わない5)	男女同権： 夫は外で働き、妻は家庭を守るべきだ (1そう思う－そう思わない5)	同性婚： 同性同士の結婚を可能とするように法的整備をすべきだ (1そう思う－そう思わない5)
ナショナルプライド： 日本人であることに誇りを感じる (1そう思う－そう思わない5)	.143***	.038	−.151***
排外主義： 外国人が増えると異文化の影響で日本文化が損なわれる (1そう思う－そう思わない5)	.116***	.186***	−.215***

に対する態度とのつながりも分かれており、ナショナルプライドの高いグループは権威主義的な傾向がある一方でジェンダー平等については必ずしも保守的ではない。排外主義的なグループはジェンダー・権威・同性婚争点すべてに対して同時に保守的である。

日本では、こういった社会文化的争点における保守性は、ナショナルな争点における保守性とも結びついている。そういった意味で、「右派」の言説として結節しており、（それが良いか悪いかはさておき）認知するうえではわかりやすい状況にあるといえる。

他方で、この日本で見られた状況は世界全体の共通の傾向ではないし、そもそも理論的な根拠があるわけでもない。社会文化的争点として束ねられがちな様々な争点（性規範・ナショナリズム・権威・伝統・環境・文化・宗教）の中には、相互に結びつきやすいものもあれば、単に歴史的な経緯から偶然同居していただけに過ぎない争点群もある。本書でフォーカスしたものに関して言えば、ライフスタイルの問題とナショナリズムをめぐる争点は、理論的には別の話題である。環境問題に対する態度も同様だ。だから、そういった争点において、双方に保守的な態度を示すこともあれば、それぞれの争点で別の態度を示すこともあるのだ。

多くの国々では、この収斂は解体されつつある。性をめぐる態度で平等志向であることがナショナリズムと親和的な国もあれば、環境保護とナショナリズムが結びついた意識を持つ人も多くおり、国によってはそれが主流の考え方にもなっているところがある。

おそらく、これは「伝統」と「平等」の論理のどちらが前面に出るかにも依存しているのだろう。前章で検討したように、ナショナリズムは左の論理とも右の論理とも結びつき、すなわち平等の論理とも伝統の論理とも相性が良い。そしてたとえば性規範の問題一つとっても、それを伝統をめぐる争点として捉えるか、平等をめぐる争点として捉えるかで、ナショナリズムとの結びつきが変わってくるのだろう。

右派vs左派、保守vsリベラルという対立次元には特定の決まったパターンがあると理解している限り、本章で取り上げた現象をうまく捉えることはできない。だが、こういった社会文化次元の中にある（さらに細かく分けられる）多次元性を認識しておけば、こういった問題について混乱しなくて済むだろう。さらに、右派と左派とはそもそも何だろうかという本質に戻った理解を備えておくことが重要だ。

やっかいなのは、あまり細かく分けすぎて、それぞれの争点にはそれぞれの態度がある、というところまで細分化してしまうと、結局のところ、傘のように包含する概念である「左右」や「保守-リベラル」というラベルの有効性がなくなってしまう（日本の場合はそこまで細かく分けて考える状況にはないようであるが）。社会文化次元の多次元性を意識しつつも、総合的な観点から、どの意識が、どのような理屈で、どうつながっているのかを見ることがこれからも重要となろう。

第5章

ナショナリズムと民主主義／権威主義の結びつき

この章では、民主主義／権威主義の問題についても検討しよう。ナショナリズムは、デモクラシーとの関係においても多様性に満ちている。本章では、ナショナリズムが民主主義を下支えする側面、反対に民主主義を切り崩す側面を検討し、さらに民主的な選挙がナショナリズムを強化してしまう面も紹介する。

ナショナリズムとデモクラシーの関係性

現実の政治でも、これは民主主義の破壊で権威主義化だとか、いやいやこれこそが民主主義だというような主張が展開されることがある。そしてその際に、ナショナリズムとの関係性が論じられることもある。たしかに、ナショナリズムは抑圧的な政治に結びつくことがある。帰属意識を煽《あお》り、人々の一体性や団結をことさらに主張することは、異論を封じ少数派を抑圧する姿勢と容易に結びつく。独裁的な政府が、あるいは一度は民主的に選出された政府が、自分たちに都合の悪い意見や報道を押さえつけるため、そういった政敵や異論を「国民の敵」とラベリングし、弾圧し、自分たちの権威主義的行動を正当化するのは定番の動きですらある。この時ナショナリズムは、権威主義化のために悪用され民主主義を切り崩す道具とされる。

しかし、ナショナリズムは民主主義の支えにもなる。民主主義を、自分たちのことは自分たちで決める観念だと理解した場合、まさにその「自分たち」の境界をさだめ一体性の意識をもたらすのが、ナショナリズムだからである。そう考えると、ナショナリズムは民主主義に不可欠な要素であるようにも思われる。やはりここでも、民主主義か権威主義か、ということと、ナショナリズムを抱くか否かは、別問題として整理する必要がある。

なお本書では民主主義について、自由で競争的な選挙を通じた権力交代のシステムという定番の定義で理解する。そこでは単に選挙があるだけではだめで、複数の意見による自由な競争があり、それを支える結社やメディアの自由があり、民主的な勝者に対しても司法や議会での権力均衡が効いていることが重要である。

ナショナリズムと民主主義の結びつきを検討する際に多くの人が気になるのは、人の心の中でそれらがどのように結びつくかだけではなく、ナショナリズムが民主主義の確立や維持に対してプラスの効果があるのかマイナスの効果があるのか、ではないだろうか。

この問題は検証が簡単そうに見えて、厳密には難しい。仮に人々のナショナルな意識の強い国にほど民主主義国が多かったとしても、それは、ナショナリズムが民主主義の維持に役立っているからなのか、民主主義がナショナリズムを生み出しやすいからなのか、即座にはわからないからだ。

学術的には、どちらかといえばナショナリズムがデモクラシーの前提条件であることがよく論じられてきた。有名な議論として、アメリカの政治学者ラストウが、民主主義を確立するためには、その前にまず一体としての国民意識が必要だという議論をしている。[100] 本書の枠組みに沿って言えば、ナショナリズムの構成要素であるところの、ナショナル・アイデンティティが必要だ、ということである。

これは、多民族国家であればデモクラシーが不可能だ、という議論ではない。重要なのは、民族横断的な帰属意識を維持できるか否かにある。たとえば、政治学者のテュダーは、インドとマレーシアという多民族国家が独立と自由を回復した後に、前者が民主主義を確立し後者がそれに失敗した理由として、両国で動員されたナショナリズム戦略が違ったことを指摘する。端的に言えば、インドのそれは多民族を包含するナショナリズムであったが、マレーシアのそれは特定地域の文化を中心とするもので、必ずしもマレーシア全体を包含するものではなかったからだというのだ[101]。

同様のことは、政治的自由化を進める過程で国家が分裂したユーゴスラビアと、国家が分裂せずに済んだスペインを比較したJ・リンスらの研究でも指摘される。リンスによれば、全国的統合と、地元民族優先のどちらのアイデンティティを掲げるかは、どういうタイプの政治家が民主化や自由化後の最初にパワーを握るかにかかっているという。彼の指摘が面白いのは、二国の違いは、全国選挙と統一地方選挙のどちらを先に実施したかという点にあるとするところだ。ユーゴスラビアでは統一地方選を先に実施してしまったので、いわば地元民族の帰属意識に依拠する政治家が先に権力を握ってしまい、そういった地方議員の支援を得た国会議員が当選することで、ユーゴスラビア全体よりも各地域のアイデンティティを過剰に主張する議員が増えて紛争や民主主義の停滞につながったが、スペインでは全国選挙を先に実施したため、どちらかといえばスペイン全体を包含するアイデンティティを主張する方が選挙上有利となり、彼らが権力を握り、相当程度スペインの民主化は安定的に進んだというのだ[102]。ナショナリズムの性質次第で、民主主義との態度の関係は多様であるといえるだろう。

ナショナリズムと民主的意識の分析

先ほどのようなマクロな歴史的比較ではなく、ミクロな世論意識データからは、ナショナリズムと民主主義について何がいえるのだろうか。実のところ、この手の研究は膨大にあり、ナショナル・アイデンティティは民主的な価値規範と相性が良いことなどがよく言われている。[103]

最近のデータでも同じことがいえるのだろうか。またもや世界価値観調査を見てみよう。ここでは、ナショナル・アイデンティティ、ナショナルプライド、排外主義のすべての要素と、民主主義に対する肯定的態度との関係を見る。世界価値観調査では「民主主義の国に住まうことはあなたにとってどれほど重要か」という設問があり、これに対して、「重要ではない」から「重要である」まで、11段階でのスコアが付けられている。この設問に対して、より重要であると答えることをもって、民主主義体制への支持とみなそう。

先進国／民主主義国全体のデータで分析したものが、**図表5-1、5-2**である。概してほぼすべての国で、愛国心とナショナル・アイデンティティの強さは、民主主義をより重要

図表5-1：帰属意識・ナショナルプライドと民主的規範の強さ

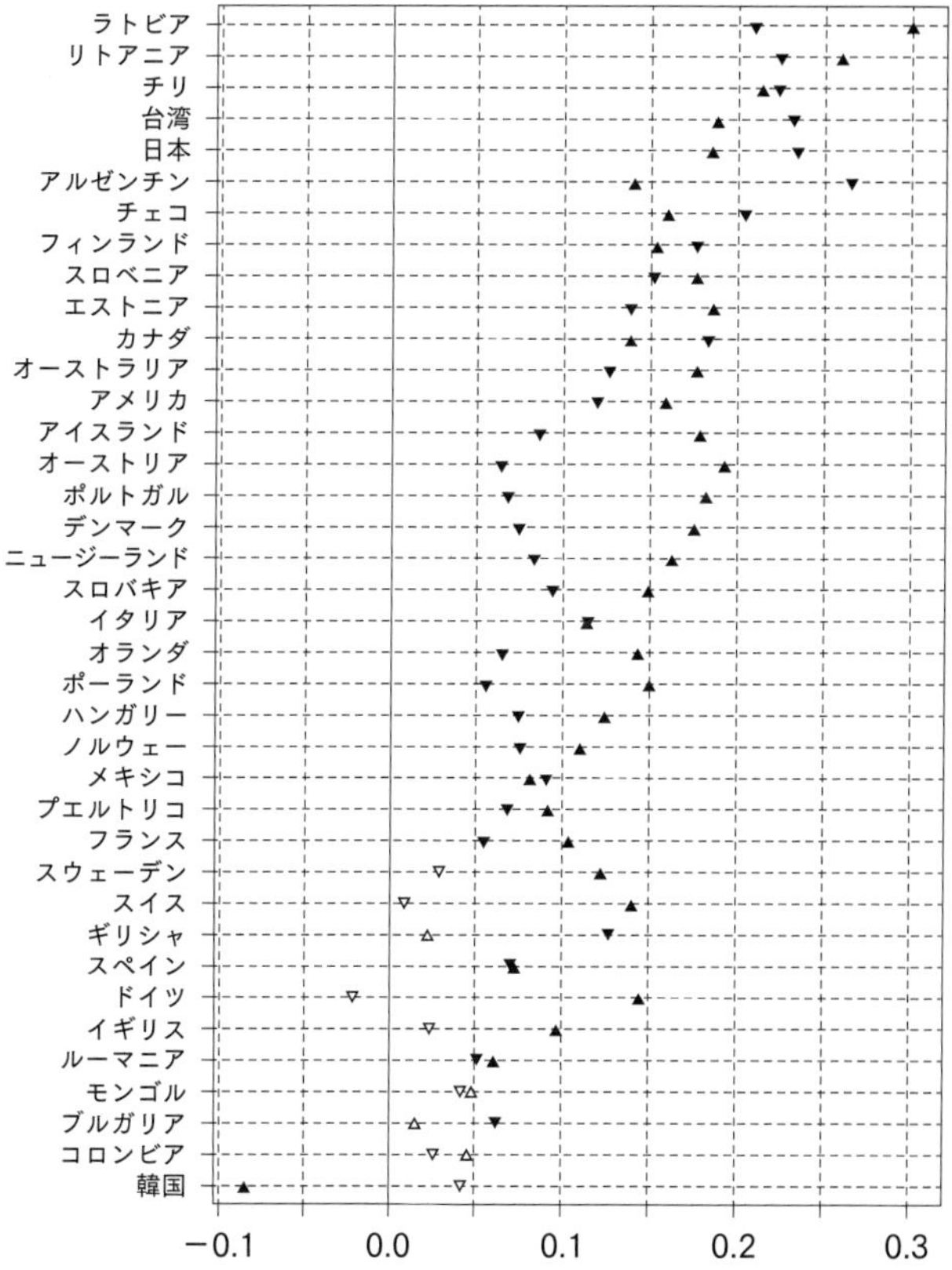

△帰属意識と民主的規範　▽ナショナルプライドと民主的規範
黒ぬりつぶし：p<.05

図表5-2：排外主義と民主主義志向

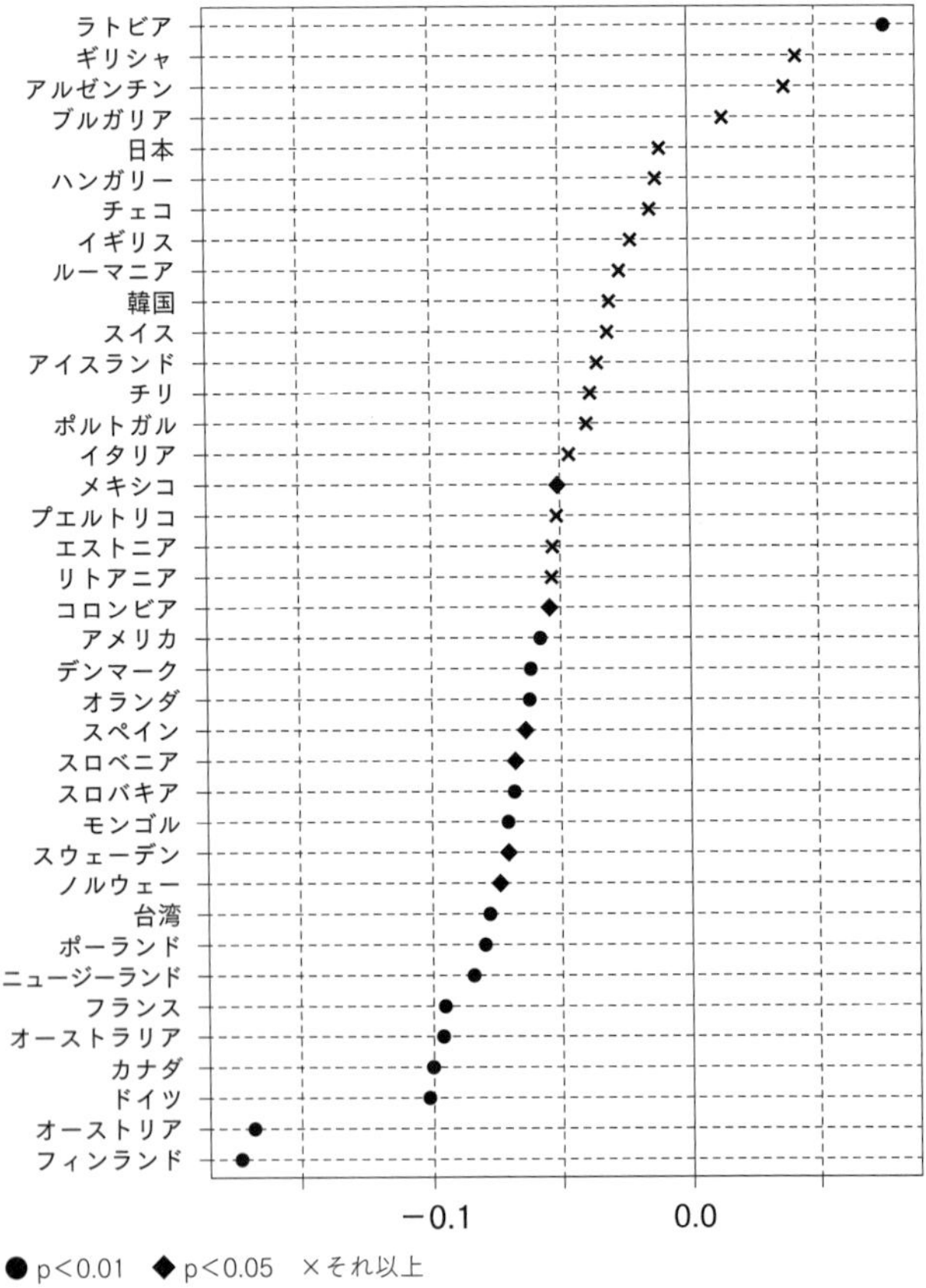

だと考えることと関連している。日本でも台湾でもアメリカでもフランスでも、帰属意識とナショナルプライドの強さは、民主主義を重視する態度と相関していた。日本はその相関が相対的に強い国ともいえる。スイス、ドイツ、イギリスといった国では、ナショナルプライドの強さは民主的規範と相関していないけれども、国への帰属意識と民主的規範がなお相関を示している。

他方、外国人を隣人として嫌う排外性の強さは、民主主義を重要だと考えることと、特に関係がない（日本、イギリス、韓国など）か、あるいは負の相関を示している（フィンランド、ドイツ、カナダなど）。ナショナリズムの諸側面のうち排外性は民主主義の重要性を相対化する意識につながっているようである。

なおこれらのパターンは、分析するスコアの対象を「あなたは自分の国はどの程度民主的だと思いますか?」という設問に変えても、同様のパターンを示していた。つまり、全体として見た時に、愛国心やナショナル・アイデンティティの強さは、自国が健全に民主的に運営されているという意識と関連している。他方、排外主義的な感情は自国があまり民主的に運営されていないという意識と関連していたことも、先述の分析結果と整合的である。

ところで先述の分析では、二つだけ例外的なケースがあった。まず**図表5-1**の韓国では国への帰属意識が強い人の方が、民主主義を重視しない傾向が示されていた。これはもしかすると、（朝鮮半島全体ではなく）韓国という単位への帰属意識の中に、過去の軍政への帰属意識などが混在しているためかもしれない。

もう一つ、**図表5-2**のラトビアでは、排外主義的態度と民主的規範が相関する傾向にあり、世界的な傾向と逆であった。ラトビアは民主化直後に、住民構成の相当程度を占めるロシア語系住民に対して市民権を与えず言語権も抑制し、ラトビア系住民だけによる排外的な民主主義（「エスニック・デモクラシー」と論ずる者もいる）[104]を、国家理念としてながらく運営してきたから、これが人々の間で外国人排除と民主的規範を結びつける意識を醸成しているのかもしれない。ラトビアの事例については次節でもまた少し言及する。

余談ではあるが、デモクラシーへの態度ではなくデモクラシーへの参加（政治参加）に与える効果についてはどうなのだろう。ナショナリズムが政治参加を促すか否かについても、相当程度の研究蓄積があるので、簡単に触れておこう。概ねわかっていることとして、自分のネーションに帰属しているという意識の強さは、投票やデモなどの政治参加を促す傾向にあり、これは国や文化圏を超えて横断的に見られるようである。他方で、ナショナルプライドや愛国心の効果は、それをどのような設問文で測るか、あるいはナショナルプライドの内容をさらに細かくどのように分けるかで、結果が分かれているようだ。[105]

あなたが自分の属する会社や学校の執行部に何か意見を言えるとして、実際に何か意見を言うかどうかを決めるのは、あなたが自分の会社や学校に対し強い帰属意識を持っていることの方が重要で、自分の会社や学校が好きかどうかはそこまで関係ないであろうことと似た論理かもしれない。

ナショナリズムが民主主義を切り崩す場合

前節までの議論を見たところ、ナショナリズムは人々の意識のレベルにおいて、民主主義を下支えすることもあれば、それを切り崩すこともあるようである。総じて言えば、ネーションへの帰属意識としてのナショナル・アイデンティティの強さと、自国に対するプライドとしての愛国心の強さは、民主主義を重要と思いそれを維持しようとする人々の意識へと、比較的に広範な国々で結びついている。他方、異なる文化集団を排斥するような形での、排外主義的な側面の強さは、民主主義を重要だと考える意識の弱さ、ひいては権威主義的な統治を許容する意識に結びついていると言えそうだ。

そうすると、世界においてナショナリズムが民主主義を切り崩しているという事態があった場合、それはナショナリズムのすべてが悪いということではなく、その現場においては、排外主義的なナショナリズムの言説が動員されている時なのかもしれない。

実際に、民主主義が後退し権威主義化している国々で何が起きているかを見てみよう。世界的な政治体制のデータセットであるＶ‐Ｄｅｍ（およびその研究センターであるＶ‐Ｄｅｍ研究所）が２０２１年に出したレポートでは、２０１０年から２０２０年の10年で最も権威主義化（あるいは民主主義が後退）した国としてポーランド、２番目にハンガリーを挙げている[106]。特にハンガリーは同報告書で「すでに民主主義ではない」と言明されて、ＥＵ内部についに権威主義国家が誕生したというような切り口で一時話題となった。そんなポーランドとハンガリーでは一体何が起きていたのだろうか[107]。

図表５‐３は、同Ｖ‐Ｄｅｍデータセットで示されている、自由民主主義指標の細かいデータを、ハンガリーとポーランドで示したものである。これを見るとわかるように、ハンガリーとポーランドでは、様々な自由民主主義の要素が損なわれてきている。ただし、その細かい時期やタイミングを見ると、興味深いことがわかる。まず、両国において結社の自由や法の下での平等といった要素は、さして強く切り崩されてはいない。指標が悪化しているの

図表5-3：ハンガリーとポーランドの自由民主主義指標の変化

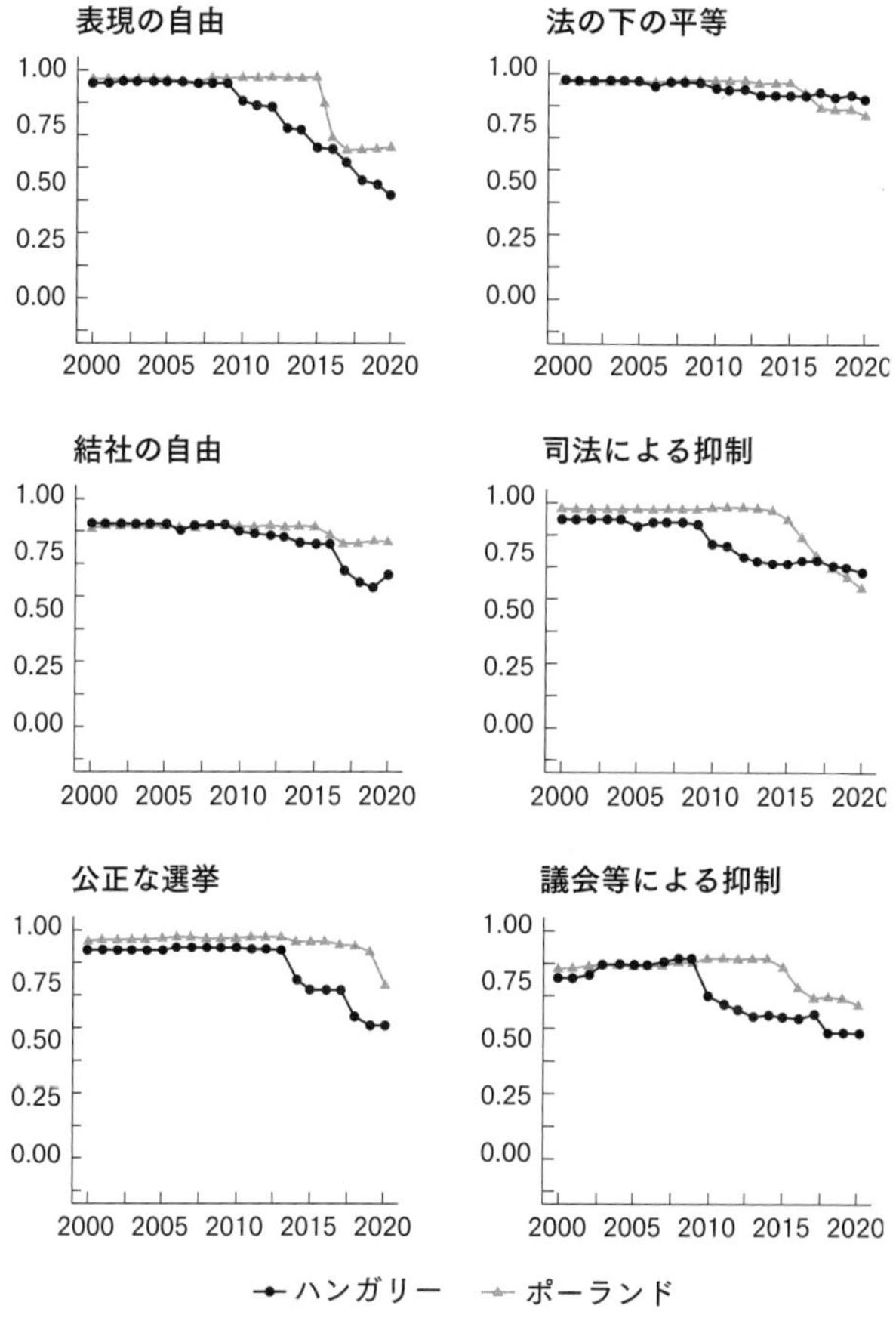

は、表現の自由、選挙の公平性、司法による権力の抑制と均衡であるが、このうち、選挙の公平性が悪化しているのはポーランドでもハンガリーでも、表現の自由・司法や立法による権力の抑制が悪化した後となっている。ハンガリーではそれらの要素が２０１０年に悪化しはじめ、２０１４年ごろになってそれが選挙の公平性にも及ぶようになった。ポーランドでは２０１５年ごろから権力の抑制や表現の自由が侵害されはじめ、２０２０年に選挙の公平性にも影響が出るようになっている。

つまり、両国では、いきなり民主主義のプロセスが破壊されたり悪化したわけではない。むしろ、当初は公平な選挙によって選出された政権があり、当該政権に対して異なる意見を持つメディアを封じこめたり、「民主的に」選ばれた権力であるという正当性を梃子《てこ》にして、その政権の決定に抑制をかける司法や立法の機能を弱体化させる変更が、先に行われていたのである。

本章の冒頭でも述べた通り、（自由）民主主義とは、選挙を行ってさえいれば良いわけではない。自由な民主主義では、民主的な手続きで権力に正当性を与えると同時に、その決定が多数派の暴政となって異なる人々の自由を奪わないようにしなければならない。車には車体を前に進めるためのアクセルとそれを制御するブレーキの両方が必要なのと同じことで、かつ双方のバランスが肝要である。アクセルだけでブレーキの壊れた／ない車が危険であるように、ハンガリーやポーランドのそれは表現の自由や司法による抑制というブレーキを取り除いてしまっている。

ハンガリーとポーランドで起きたこと

両国の自由民主主義は、民主的正当性のみを背景にして切り崩されてきた。具体的に言えば、ハンガリーでは２０１０年のフィデス政権の誕生、ポーランドでは２０１５年の法と正義政権の誕生がその端緒である。実は両党に共通する要素として、フィデスも法と正義も、両国の政治的自由化や民主化の流れを引いている。つまり、民主化の闘士の流れをくむ者たちが、選挙で勝利し、しかしその自分たちのやることに対して異議を申し立てる自由を制限したり、抑制しバランスをとる機関の権力を削いでいったりした。

その際、フィデスならびに法と正義が主張したのは、自分たちこそが真にハンガリー／ポーランドの伝統的価値と生き方とその利益を実現できるという言説であった。具体的にそのための敵とされたのが、移民・難民であったり、ＥＵの影響力であった。彼らの論理はこういった具合である。自分たちこそが真にヨーロッパ文化の体現者である。西欧はすでに腐敗しており、西欧が中心となるＥＵもまたそうである。現在、ハンガリー／ポーランドこそが真にヨーロッパ的な価値と文化を残す国民であり、その国民の民意で選ばれた自分たちこそが真にヨーロッパの擁護者である。このような正当な決定権を持つ我々に異を唱えるメディアや司法機関などは、民族とヨーロッパの裏切り者であるか、腐敗した西欧やＥＵの価値を我が国に持ち込もうとする異分子である、と。

フィデスのリーダーであるオルバンは自ら、我々は民主主義であるが、リベラルではない民主主義（illiberal democracy）だと主張した。[108] ここでいうところのリベラルは、第４章で紹介した現代的リベラル、すなわち様々な価値を認めようとする態度である。フィデス政権や法と正義政権は、自国の伝統的生活様式とは異なる価値観（具体的にはイスラム教やＬＧＢＴの権利）に対しても、敵対的な態度をとっている。

つまり、ここでは、自分たちの思う文化体系を政治の力とあわせて維持・擁護していきたいという働きがある。ナショナリズムである。そしてまた、それは異質なるものへの排斥を明示的に目指しており、ナショナリズムのうち排外主義的な要素を有するものとなっている。もちろんこの主張を支持している国民がたくさんいるという事実があるように、それはそれ自体一つの論理として、同国の一部では受け入れられている。本書の目的からしてここで重要なのは、それが良いか悪いかという話ではない（それは読者にゆだねる）。こういった論理が、民主主義のもとで、異論を唱える自由や、政権を制度的に抑制する機構を切り崩しており、権威主義化を正当化する論理として用いられているということである。

ハンガリーとポーランドという、ナショナリズムが民主主義を切り崩しているとされる事例は、指標に基づいてよく見ると切り崩されているのはむしろ自由というブレーキの要素のように見える。自由民主主義が自由民主主義たりえる理由は、単に民主的に物事を決めるだけではなく、その民主的な決定が少数派の人権や自由を極端に剝奪しないという制約とのバランスの間に成り立っている。両者はアクセルとブレーキのようなものだ。

ハンガリーとポーランドではこのうち、ブレーキペダルが破損してきている。ナショナリズムと民主主義というアクセルが強固に結びつきすぎることで、民主的に勝利した「我々」の意思とは異なる意見を持つものを、国民と民主主義の敵とみなし、異論を認めなかったり、尊重しなかったりという要素が噴き出ているようにも見える。ナショナリズムがそのアクセルを強く踏み込むことを正当化する材料として用いられるメカニズムが、２０１０年代に両国で進行した民主主義の後退にも見受けられる。

排外的なナショナリズムの存在は、政治体制全体だけではなく、世論の民主的規範にも影響を与えている。先ほど、排外的であることと民主的規範が結びついている特殊な国としてラトビアがあることに言及した。そんな国で排外主義的ではない国家理念を持っている人々は、民主主義にどういう態度を有しているのだろうか？

筆者は、英クイーンズ大ベルファストのアガリン博士（T. Agarin）とともに、世論調査のデータを分析してこの謎に取り組んだことがある。わかったことは、ラトビアで採用されているような排他的な国民観とは違う意見を持っている人たちは、民主主義の装置たる議会への信頼を失い、投票にも行かなくなっているという事実である。しかもその効果は、ラトビアで比較的不利な地位にいるロシア語系住民ではなく、主流のラトビア系住民の間でこそより顕著に出ていた。[109] ラトビア系住民を優先しようとして政府が進めてきたネーションビルディングのプロジェクトが、その実、ラトビア系住民の中で政治的失望の分断を生み出しているということである。

幸いラトビアでは、ハンガリーやポーランドとは異なり、排外的ナショナリズムに依拠した政党が音頭をとって、民主主義の制度的抑制を弱めるといった動きは（本書執筆時点では）見られていない。だがその陰では、排外的ナショナリズムに同意できない（潜在的には住民多数派の）人々の、民主主義への信頼を侵蝕する事態が進んでいる。これが進展した場合、その長期的帰結がどのようなものになるかはわからない。

民主的選挙がもたらすナショナリズム

ナショナリズムを含む議論が政治と選挙の争点になることは、それが票につながることを意味する。ならば、政治家によっては選挙に際して自分たちに有利なナショナルな物語を主張することで、自分たちへの支持集めをすることがある。それは、そういったストーリーを見たり聞いたりした人々の態度にも影響するだろう。つまり、人々のナショナリズムをめぐる態度の強さや違いが選挙結果に影響するだけではなく、選挙という民主主義の仕組みがナショナリズムを生み出す契機になるという可能性である。選挙というタイミングはナショナリズムにどんな影響を与えているのだろうか。

選挙は、様々な政治アクターが参加するチャンスになっている。選挙は、現代の民主主義における意思決定に対して、死活的な結果をもたらす。もちろん、自由で民主的な政治体制であれば、多元的な利益媒介の経路が開かれており、陳情やロビイングを通じて、社会運動やオンラインデモを通じて、メディアやＳＮＳを通じて、様々な人々や団体が、政治に対して影響力を行使することができる。しかしそれでも、最もフォーマルに権力を有する人たちを、最もフォーマルに選ぶ決定的な場が、選挙である。選挙でどれだけ勝利するか／敗北するかが、その後の政治の内容に大きく影響する。

だからこそ様々な政治アクターが選挙に最も力を入れる。有権者が政治への関心を高めるのも選挙シーズンであろうし、政治家も、選挙シーズンにこそ最も熱心に、自分たちの政治的な主張を訴えかけようとする。そこには当然ナショナリズムに訴えかける政治家も含まれる。つまり選挙シーズンとは、政治家による様々なナショナリズムの言説が広がる時期でもあるはずだ。実際、選挙時にそういったアイデンティティの動員が行き過ぎて、暴力に至る「選挙暴力」の現象はよく知られている。ただ暴力自体は様々な権力闘争の都合で起きるから、本当に選挙によって人々のナショナル意識が変わっているかどうかはわからない（世論調査を用いないとわからない）。

この点に着目し、世論調査を組み合わせた研究が、ポズナーらによって行われた。彼らは、世論調査の実施日程は基本的に選挙とは無関係に行われている点に着目する。特に、国際比較世論調査になればなるほどその傾向が強く、日程がばらつく。その中には、偶然、選挙に近い時期に世論調査が行われた時もあれば、選挙とはだいぶ遠い時期に世論調査が行われた時もあるから、いわば選挙に近い時と遠い時に世論調査が行われたことが、あたかもランダムな実験のような状況になっている。つまり、選挙時期に近い時に行われた調査と、遠い時に行われた調査で、人々の帰属意識に変化があるのかを実証することができるのだ。彼らがアフリカの多国間・多時点間の世論調査データから明らかにしたのは、選挙が近い時期に世論調査が行われるほど、人々は階級や職業や年齢といった自身の社会的属性よりも、自分の民族というものをより重要だと考える傾向が強いことである。その理由は、選挙に近づくほど、現地政治家がナショナルな（あるいはエスニックな）アイデンティティを煽るからだと彼らは考えた[110]。

　この効果が、国民統合的なアイデンティティをもたらすのか、排外的なものをもたらすか、一概には言えず様々なようである。国内に多数のハンガリー系住民がおり、民族分断が顕著なルーマニアでは、選挙時の方が相互の民族グループに対する反感が減少する傾向があるようだ[111]。ルーマニアではハンガリー系住民との軋轢《あつれき》があるものの、政党政治レベルでは両民族の政党が連立を組むことが多く、選挙時期には民族の違いを超えた全国レベルの連立案の議論がなされる影響なのだろう。少し面白い知見として、タクシー料金の交渉価格をデータにして民族的な身内贔屓の存在を検証したガーナの研究では、同じ民族グループに対する有利な価格設定を行う身内贔屓の程度は選挙が近くても遠くてもあまり変わらなかったのに対し、全国レベルの政党支持に基づく身内贔屓が、選挙時期に限って強く表れたそうだ。[112] つまり、選挙時期には民族の差を超えて、ガーナというナショナルな単位全体で考える帰属意識が強まったということである。しかし同時に、選挙時期には反移民感情が高まる（しかもより民主的な国でその傾向が強くなる）というデータも報告されているので、その効果は両義的でもある。[113]

重要なのは、その選挙の際に、どのような政治アクターがいるか、あるいは政治アクターがどのように振舞うかなのだろう。筆者が、当時ミシガン州立大学の東島雅昌博士（現：東京大学）と実施した世論調査比較でも、ナショナリスト政党の勢力の強さが、選挙に際してナショナル・アイデンティティを持つ人を増やす傾向にあることがわかった。[114] ただし、それはそういった政党の支持者の中でのみ見られる現象なのかは判然としない。たとえば、極右政党を支持するような排外的ナショナリズムを抱えている人物は常にそういった主張を有しているので、選挙時期にあえてことさらに意見に変化を見せることはあまりないのだ。むしろどちらかといえば、多様な政党に対して是々非々で臨むような中立的だが政治意識の高い有権者や、中道的な中道政党を支持しているような人々の方が、選挙に際してナショナルプライドを強めたり、排外主義を強めたりする傾向があるようである。[115]

　こういった選挙のナショナリズムに与える効果が、どういう方向性に向かうのか（包摂的になるのか排他的になるのか）、どの程度長持ちするのか、どういう条件下で発生しやすいのか、どういう相手により強く表れるのか、についてはまだ知見の蓄積が少ない状況である。ただいずれにしてもいえるのは、選挙という民主主義の装置／契機は、ナショナリズムをはじめとする世論を単に表出し、意見集約するためだけのものなのではなくて、ナショナルな帰属意識を前面化したり強めたりする機会であるということだ。

　ナショナリズムが民主主義に不利か有利かだけが問いなのではない。民主主義がいかにナショナリズムを作り出しているのかについては（政治理論の分野では、ながらく言われてきたテーマではあるとはいえ）、これからもっとわかってくることが増えるだろう。

第6章

n度目のナショナリズムの時代に

ナショナリズムと政治的左右の整理

本書の内容をまとめよう。国際化が進む中で、ナショナリズムをめぐる問題は過去のものになったのではなく、むしろ多様化し政治の重要争点になってきている。今日の民主主義国における政治の対立は、単に経済的な富をどの程度の配分で分配するかといった問題ではとどまらないところで展開されるようになってきている。そしてそれは既存の政治的な左右の対立軸との関係性で、複雑性と多様性を示している。

その時、一つの切り口として重要になっているのが、ナショナリズムをめぐる争点だ。世界が国際化し、人の出入りと交流が広がる中で、一国だけで政治は完結しなくなっている。そのことが、世界の政治に新たなインパクトをもたらしはじめて久しい。

ナショナリズムは、文化を共有すると思う人々の間を、身分や階級を超えて一つの政治的な集まりとして結びつけたい、さらにその結びつきを維持したり強めたりしたいと考える人々の心の動き、そしてそれに基づく政治的・社会的な運動である。それは帰属意識を通じて、ポジティブな感情や、ネガティブな感情も含むものである。それらの感情の間の結びつきには多様性があるが、それはグラデーションのようなものであって、量的にはっきり区別できるものではない。同じように、はっきりと良いナショナリズムと悪いナショナリズムというように質的に分けられるものでもない。一つのコインに両面があり、あらゆる人間が善悪両方の顔を持つように、両者は分かちがたくグラデーションのように分布していて、どの顔が時に表に強く出てくるか、と理解すべきなのだ。

こういった政治的課題の変化を理解するうえで、政治的な左右のラベリングは便利なものである。しかし便利であるがゆえに、その意味や内実には多様性があるから、時に、既存政治との関係性の中で、一見よくわからない現象が現れてくる。それは左と右だけではなく保守とリベラルというラベルをめぐる混乱にも一役買っているだろう。こういったことは何も日本固有の現象ではなく、世界的な出来事になってきている。政治思想家のベルはそんな状況を指して「主な問題は、ある価値（たとえば自由や平等）や公的政策（自由貿易やデモクラシーの推進）を、排他的にリベラルか保守か（あるいはそれ以外の何か）であると、説得力をもって分類することが、今日では不可能であるということである」と言っている。[116]

本書では、実証的な政治学の力を借りて、この混乱に一つの補助線を提供することを試みた。政治的な左右とは何かという根源的なところからスタートし、国ごとの違いを示しつつ、二次元で政治的競争の関係を示す（一定の読者にとってはおなじみの）構図で左右の問題を整理する方法を示した。重要なのは社会文化次元をめぐる政治的対立の重要性が増してきていることであり、それは従来型の経済中心の左右対立とは独立しており、ナショナリズムをめぐる争点は幅広い意味ではここに含めることができる。

　そしてこのつながり方は、学者や政治家が「これが正しい正解です」と上から決めつけることのできるものではない。どんなふうに言葉や概念がつなげられているのか、それを決めるのはそれぞれの社会に生きる一般の人々の認識だ。普通の人々が、どのようなナショナルな意識を持っているか、そしてどのように自分自身を政治において左や右とラベリングしているのか、本書は分析した。様々なナショナリズムの下位要素の間のつながり方は国によって大きく異なっているし、またそれらと左右ラベリングのつながり方も自明ではなく、様々な国の多様性があった。

　同じことは、社会文化次元の中での要素間のつながり方にもいえる。一般にナショナリズムは社会文化的な保守性や権威主義的な側面とつながりがちと想定されてきた（日本は概ねそういった側面が保持されている）。だがこれは自明の論理ではなく、国によってはジェンダーや環境保護などの論点において、一見リベラルとされる価値観がナショナリズムと結びついている国やケースも散見されるようになってきている。

この両義性は民主主義の規範との関係性でも同様だ。一般に帰属意識やナショナルプライドの強さは民主的な規範を促す傾向にあるのに対し、排外的ナショナリズムは民主的規範を損なう傾向がある。世界の現実を見ても、ナショナリズムが民主主義を支える土台になる一方、その権威主義化の論理として用いられている国も見られている。

日本の政治的対立の参照となる／ならない国はどこか

本書はこのように、ナショナリズムの諸意識の多様性から始まって、その政治的な対立との関係性を、特に左右イデオロギーやリベラルな観念との関係性がいかに多様であるのか、国際比較を通じて示してきた。日本固有のデータを用いた分析も途中いくつか挟んだが、あくまで日本の読者向けの情報提供以上のものではなく、ここまで全体として明確に日本の位置付けを論じてきたわけではなかった。

本書が日本語で書かれている以上、日本がこのテーマにおいてどう位置付けられるのか検討しないわけにはいかない。おそらく、日本の事例はこのテーマにおいてはあまり特殊な国ではない、ということになるだろう。世界的比較の中での日本の相対的な位置付けを知ることで、時には神話を打破する効果もあるかもしれない。

また、比較を通じて、日本の現象を相対視するために立脚できる、他の事例を見出すこともできるだろう。政治に限らず、何かの現象を冷静に見たい時、しばしば他の事例を参考にすることがあるはずだ。

では、その際、どのような国を比較対象にすることが、日本のこのテーマに関する視点をより精緻化することに資するのだろう。逆に、日本とはずいぶん状況が違うために、単純な比較対象にできない国はどこであるのだろう。

まず、明らかにアメリカはこのテーマについて日本の単純な比較対象としては適していない。アメリカは、自由民主主義社会の中では最も愛国主義と排外主義が結びつく国であった。ナショナリズムが極端に右翼と結びつけられがちな国でもあった。さらにアメリカは、自由民主主義世界で最も社会文化的にリベラルな思想とナショナリズムが対立する国でもあった。現実の政治でも、意見の異なる両党派の支持者が相互に対話も理解も妥協もできないレベルの対立と憎悪に巻き込まれ、いわゆる極端な〝文化戦争〟を経験しているのがアメリカである。

日本の政治を考えるうえで、アメリカ政治の影響は実務上重要であるだけではなく、言論や学術の世界でも重要である。だが、アメリカは政治をめぐる対立の議論としては、かなり特殊な言論空間にある。そのことを相当程度意識しておく必要があろう。政治イデオロギーであるとかナショナリズムを話題にする際にアメリカを引き合いに出したり、アメリカでの世界観や用語法に基づく整理を日本に投影して日本の事例を説明しようとしたりすることは、かなり慎重な検討を要するのではないか、と筆者は考える。実際、「リベラル」という言葉を左派的含意のみで用いたり、ナショナリズムを排外主義とほぼ同義で使うような用法は、相当程度に特殊アメリカ的な用法であって、幅広い世界の政治現象を観察している立場からすると困惑することも多い（断っておけば、これはアメリカ政治学批判ではない。そういった知的作法を了解したうえでなお、アメリカが本テーマにおいてはかなり外れ値的なサンプルであるということを述べているだけである）。

近隣の韓国や台湾はどうだろうか。日本にとっての隣国であり、両国の民主政治に関心を向ける人々は多いし、よく比較参照されるものだ。しかし、韓国や台湾の政治における政治的な左右、あるいはナショナリズムをめぐる意識の結びつき方もまた、日本とは相当程度異なっていた。両国では特に、左翼・右翼の言葉の用い方とナショナルな帰属意識の関係性において日本とは大きな差があった。たとえば韓国ではナショナリズムの諸価値は左派層の方で重視されていたし、台湾にも類似の傾向があった。

両国とも、領土性や分断といった大きな論争があって、そもそもどのような単位を自らのナショナル・アイデンティティを抱く対象とするのか議論があり、むしろそれ自体が政治的分断の一つをなしている点が特徴である。それに加えて、非民主的な政権の過去があり、その過去とのつながりの中で政治的な左右の文脈が国内で受容されているから、政治対立の在り方はかなり日本とは異なっていた。単純に、地域が近いことだけをもって、用語法を簡単に同じように使うことはできないのだろう。

本書で示したデータの出方が日本と比較的似ていた地域はどこだったろうか。改めて整理しよう。日本の世論の在り方の特徴は、次の点にある。

① ナショナルプライドと排外主義があまり相関しないか、緩やかに相関する
② 右派という自己認識と種々のナショナリズム意識が正相関している
③ ジェンダー／性規範争点の保守性とナショナル・アイデンティティの強さが相関している

一部読者にとってこの3点は、素朴一般な政治に対する感覚として、非常に典型的な現れ方をしているようにもみえるかもしれない。だが、すでに見てきたように、世界はこのような形の国々ばかりではない。もし読者のあなたが先ほどの3条件を当たり前のことだと思ったのだとすれば、それはあなたが、それが当たり前の国の中で育ってきたからに過ぎない。

そんな「当たり前」の感覚を共有できる国はどこだろうか。この3点の組み合わせが似ているのは、北米や東アジアの近隣諸国ではなく、ドイツ、フランス、デンマーク、ポーランドといった大陸ヨーロッパの国々であるといえる。これらの国々では先ほど挙げた3要素がおおよそ成立しており、またその程度も日本とそれなりに近いという特徴がある。フランスやドイツについては読者もイメージしやすいだろうから、あまり詳しい解説は必要ないだろう。特にドイツは政治についてよく日本と比較に出されがちな国であるが、政治意識の構造も似ているようである。デンマークについては、立憲君主制であることや、単一制国家でありながら例外的に地方政府の裁量と権限が大きいこと、特定政党による一党優位体制が長く続いていたこと（ただしそれが中道左派政権だったため高度な福祉国家になっているところは日本と大きく異なる）など、日本と意外と共通性が多い。

逆に言えば、これら以外の国々の人々と政治について語り合ったり、その国のニュースを読む際に、左右という意味やナショナリズムの意味合いを、日本での一般的理解と同じように理解していると、同じ言葉を使っているのに全然違うことを理解しているという勘違いを起こす可能性が高いだろう。同じような政治的左右の言葉も、ナショナリズムの言葉も、国ごとに違って捉えられているからだ。

まとめに：傾向と個別

どこまで行っても本書が示したのは、この要素とこの要素の間にはこういう関係の傾向がある、といった話に過ぎない。全体的傾向を示すことは、その両要素の関係のつながりを、「特殊なこと」であるのか「よくあること」なのかを判別する材料としてくれる。また、国際比較における日本の立ち位置を冷静に見る視点を提供することにもつながるだろう。

本書が考慮しつつも、内容に入れなかった要因がある。それは一国内部での多様性である。そもそも本書が示したのは国単位での傾向であるから、個々人や個別の政治現象を見た際には、全体的傾向が当てはまらないことも当然あるだろう。たとえばアメリカでは愛国者は排外主義者である傾向がたしかにあるが、それは外国人に寛容な愛国者がアメリカにいることを否定するわけではない。ということは、たとえば日本やアメリカという一つの国の中でも、世代によって、階層によって、党派性によって、複数の政治イデオロギー間の結びつき方は変わっているかもしれない。本書で様々に示した通り、これらの傾向の出方は、政治的文脈が異なれば違うことがしばしばある。

　政治が人間の作為によるアートであるならば、それは外在的な運命や下部構造のみによって規定される違いではなく、人間の営みがもたらす多様性であるといえる。ということは、そのようなナショナリズムと政治的イデオロギーの関係性の在り方は、同じ国の中でも年がたつにつれて変わっていくことがありえ、そしてまた自分たちで変えていくことができるともいえる。これは本書の欠点とも関係しており、本書は２０２０年前後の一時点のデータに依拠した分析だから、中長期的な時間的変化は追えていないし、実のところ同じ日本の中でも数年ごとに調査を行えば、ナショナリズムというテーマにしても政治参加というテーマにしても、徐々に人々の意識は変わってきていることもわかっている。[117]本書を読んだ若い世代、特に高校生や大学生の方は、たとえば本書で示されたような傾向が同じ国の中でも、これこれといった要素によって違うのではないかといったことを自ら検証してみても面白いかもしれない（先述したように世界価値観調査のデータは公開されている）。

　これは結局のところ、なぜ国によって違うのか、という新たな疑問とも関わってくる。第3章ですでに言及した点でもあるが、政治イデオロギーの意味のつながりというのは、人間に共通する心理的特性のみによってもたらされているわけではない。また、同じ地域の隣国の間でも異なって出てくることがあるように、単に文化が近いとか遠いとかといった安直な要素でもたらされているわけでもない。人々の政治意識はボトムアップのみで決まるのではなく、トップダウンの影響も受ける。すなわち、そこには政治の作為がある。異なる政治の在り方が現実に対して働きかけ、異なる言説の争いを示すことで、人々は少しずつ影響を受け続けるからだ。

　いまある言葉の使われ方も、20〜30年後はずいぶん違っているかもしれない。政治意識の結びつき方は多様で可変である。このことは、少しロマンチックなことを言えば、私たちが政治をめぐる意識の在り方に、希望を持つことにもつながるだろう。いまある政治意識の状況が気に入らないのなら、それを変えるべくじわじわと、世界と社会に働きかけていくことによって、牛の歩みでも変えていくことができる。あるいは、いまある状況を大切にしたいのならば、それは座したままで安穏《あんのん》としていては守ることはできないし、努力奮励なくして維持することはできないことも意味する。

　政治は可能性のアートとよく言われるが、それは別に法律や条例を作るとか、制度や仕組みを自由に設計することができるということだけではなくて、私たち自身が構成している社会の言説の在り方もまた、私たち自身で形作る可能性が開かれている、ということを意味するのだろう。

脚注

1 茂木２０２０

2 Lancaster 2020

3 Ip 2017

4 Dalton & Anderson 2011、遠藤・ジョウ２０１９、Jost 2021: 4-7

5 Heywood 2021、Halikiopoulou & Vasilopoulou eds. 2011、Winter-Levy & Lalwani 2018

6 De Vries et al. 2013

7 Weber 2000、Heywood 2018

8 Fuchs & Klingemann 1990、Feldman 2013

9 キムリッカ２００２

10 ボッビオ１９９７

11 Huber & Inglehart 1995。なお、経済対立が第一の対立軸として参照されなかった例外的な国はポルトガル、日本、台湾、リトアニア、ルーマニアであった。そういった意味で、日本はもともと左右対立の主軸が経済になかった国であったともいえる。

12 Jost et al. 2009: 310

13 ボッビオ１９９７、Jahn 2011

14 Beattie et al. 2021

15 遠藤・ジョウ２０１９

16 同前

17 初期のものとして Eysenck (1957)。このあたりの経緯は、明戸（２０２１）が詳しい。なおアイゼンクは研究不正で後に多くの論文が撤回されているが、50年代ごろの本研究はまだその手を汚していなかったようである。

18 Kitschelt & McGann 1995、Ashton et al. 2005、Petrik 2010、Feldman & Johnston 2014

19 たとえば荒井・久米（２０２１）、朝日新聞（２０２２）

20 Hooghe et al. 2002

21 Bornschier 2010

22 Kitschelt & McGann 1995

23 Inglehart 1977

24 Hooghe & Marks　2018

25 白川２０２２

26 ゲルナー２０００：1,67、スミス２０１８

27 Malešević 2013、津田２０１６

28 研究書ではない概説的書籍として日本語でも良書が多く出ているが、さしあたり塩川（２００８）、ジマー（２００９）、植村（２０１４）を挙げておきたい。

29 将基面２０２２、ホブズボーム２００１：111-118

30 Bieber 2020

31 Hjerm(1998a)は、他国への優越性のような定義としてナショナリズムの語を使うことを厳しく戒めている。津田（２０１６）も、異なる視座からこの問題について序章で言及しており、日本の読者にわかりやすい説明となっている。余談ながら、ナショナリズムやパトリオティズムの理論家の中には、愛国主義の方にこそむしろ他国への優越性や権力志向を見出す者もいる（Hechter 2000: 16-17, ヌスバウム２０００）。

32 例外が、アメリカ政治心理学の一連の流派である（Huddy & Khatib 2007, de Figueiredo & Elkins 2003）。これらは政治心理学の知見に基づいているが、ナショナリズムを専門に扱っている研究者は一人もいない点には留意が必要である（これらの論文には、スミスやゲルナーの名前すら一度も出てこない）。ただし、これらの研究流派では、in-group への好意や贔屓感情と out-group への敵意を便宜的に patriotism と nationalism に呼び分ける業界的なお約束があるだけで、実質的にそうだと言っているわけではない。Huddy ら自身もそこをわかっていてか、自身の論文題目には「アメリカの」と断り書きを付けている。ちなみに、こういった研究流派の「ナショナリズム」の定義の引用関係を追っていくと、元祖は Kosterman & Feshbach 1989 に行きつくが、同論の主旨は「（排外主義・優越感情としての）ナショナリズムとパトリオティズムは安直に別物とはいえない」である。このあたりの内実をきちんと見ずに、表面的な変数名のみを見て冒頭のような論文を引用し「ナショナリズムと愛国心は違う」と主張するのは、適当なことではないだろう。

33 Weber 1976

34 Tamir 1993、押村２００２、ミラー２００７

35 Malešević 2019: 5-16

36 各党の左右位置との相関も弱まっている（Jahn 2022）

37 Mylonas & Tudor 2023: 26-30

38 Hooghe & Marks 2018

39 Csergö & Goldgeier 2004

40 Malešević 2019: 9

41 ジマー２００９：197

42 小熊２００２

43 エスニックはエスニシティの形容詞だが、これもまた定義しがたい言葉である。日本語ではネーションもエスニシティも民族と訳さざるをえない。人種・言語・宗教など、親族関係において受け継がれることの多い要素を構成要素とし、共通の文化を持つとして自他ともに別個のものとして想定される集団である（Chandra 2012）。複雑な議論をすべて置き去りにしてしまえば、それは政治化されていない民族集団という認識と捉えてしまっても良いのかもしれない。もちろん、ある時まではエスニックグループと想定された集団が、自治や独立を求めるようになれば、それはナショナリズムの現れといえるから、両者は完全に別物といえるわけではない（エリクセン２００６）。

44 ドイツが非西欧として扱われているのは、刊行が第二次大戦中の１９４４年であり（Kohn 1944）、英仏のナショナリズムを肯定しつつ、ドイツのそれは否定するという文脈で本書が書かれたからである。それゆえこの議論自体そもそも中立的ではないとみる向きもある。

45 近年の日本ではイグナティエフ（１９９６）の影響も大きいだろう。

46 Shulman 2002、Harris 2009、塩川２００８

47 Hjerm 1998b

48 田辺２０１１

49 de Figueiredo & Elkins 2003、Green et al. 2011

50 Ariely 2012a、2012b、縄田２０２２

51 Taniguchi 2021

52 Powers 2022

53 もちろんこういった聴取に対して、人々が本当に本音を語ってくれるとは限らない。「こういった設問に対してはこう答えるべき」という規範（専門的にいうところの社会的望ましさバイアス：Social Desirability Bias）は、国によって異なる。しかし、それが国ごとに異なること自体が、その国におけるナショナリズムの在り方の違いを反映しているので、本書の目的としてはあまり問題がなさそうだ。

54 自由民主主義度の指標にはＶ‐ＤｅｍのＥＤＩスコアが０・５以上か、Freedom House で最低限 partly free 以上であることを条件とした。

55 具体的にはアルゼンチン、ブルガリア、モンゴル、ルーマニア、台湾である。アメリカの自治州であるプエルトリコも追加した。

56 なお相関係数分析の際は、大国も小国も対等な一国との立場から、人口ウェイトによる調整はあえてしていない。なお、ウェイト調整を実施した場合でもあまり結果は変わっておらず、係数がわずかに変動し、帰属意識と排外主義との間にごく弱い相関が見られる程度の変動であったことを書き添えておく。

57　Kitsehelt & McGann 1995

58　ピケティ２０２３

59　Rovny 2019、網谷２０２１

60　Jost et al. 2003, 2009

61　McAdams et al. 2008。なお、ＳＤＯは経済的対立次元と相関が強く、ＲＷＡは文化的対立次元との相関が強いこともわかっている（Duriez et al. 2005、Jost et al. 2009: 313、三輪２０１８）。

62　三輪２０１４、秦・Song ２０２０

63　Cochrane 2010: 100; 2015.　ただしコクラン氏は、アメリカが例外だと明記した博士論文の筆致をのちの書籍では少し緩めている。このことについて本人は、どの政治のレンズを用いるのか／どの指標を用いるかによって、イデオロギー対立の一貫性の指標が変わってくる可能性を考慮したとのことであった（メールインタビュー、２０２３年）。

64　Boxell et al. 2020。また、イデオロギーの重要度が増すと、政治的に洗練された回答者ほど本来関係ない政策争点をを結びつけるレトリックを内面化すると言われているが（Johnston 2011）、この点、アメリカで政治的分極化によりイデオロギーの重要性が増していること（Abramowitz & Saunders 2008）は無関係ではあるまい。

65　Marks et al. 2006

66　Betz & Meret 2012、Lefkofridi & Michel 2017

67　Gidron2020、網谷２０２１

68　de Vries et al. 2013。当該研究では非経済的な文化の政策次元は「伝統的生活様式」vs「個人的選択」の対立だと定義しているものの、実証上は移民政策に対する態度で集約させている。政策争点をより幅広くとった別の研究では、人々の左右認識に対する経済・文化の重みは時系列的に変わったとはいえない（そうである地域とそうではない地域がある）との異論もある（Kleiner & Melcher 2020）。

69　ハイト２０１４

70　Piurko et al. 2011

71　中井２０２２

72　Piurko et al. 2011、中井２０２２

73　エリクセン２００６：204

74　Hooghe et al. 2002、Halikiopoulou et al. 2012

75　国末２０１８

76　ややこしいことを付言しておくと、この手の現行線引きに挑戦する当事者たちは、時にそれを本来あるべき「（自称）伝統への回帰」と主張しているので、主観的には自らを右と位置付けている蓋然性も高い。実際そういった勢力がもし独立を達成すればその新しい国民国家のナショナリスト勢力となるだろう。

77　木村２０２２

78　Vit 2017

79　小熊２００２。特に5、8、9章

80 設問や速報結果については松谷他２０２２。過去の調査プロジェクトによる成果など、この調査による研究に関心がある読者は、田辺編著２０１１や田辺編著２０１９を参照されたい。

81 田辺２０２１

82 秦２０２０

83 たとえば田中２０２０、フリーデン２０２１

84 歴史的な展開として、本文に書いた流れとはまた別に、自由を守る制度としての「代議制」の別名としてリベラルの語が用いられてきた流れがあったことを付言しておこう（ベル２０２１：27-33)。

85 苅部２０２１

86 Sides & Citrin 2007、Hainmueller & Hopkins 2015

87 Hainmueller & Hopkins 2015、永田２０１３

88 Escandell & Ceobanu 2010、Nagayoshi & Hjerm 2015

89 Kustov 2021

90 田中２０２０：136-142

91 Lancaster 2020

92 Lancaster 2022

93 Spierings et al. 2017

94 Freude & Bosch 2019、Spierings & Glas 2021、Kwon et al. 2023

95 森山２０１７、Dempster 2020、ブレイディ２０２１

96 Kenny & Langsæther 2022
97 スミス２０１８：77
98 たとえば Malloy 2009、Conversi and Hau 2021、Posocco and Watson 2022
99 Nakai 2023
100 Rustow 1970
101 Tudor & Slater 2021
102 Linz & Stepan 1992
103 Norris 2011
104 Smith 1996
105 Huddy & Khatib 2007、Rapp 2018、伊藤２０１９、坂本２０２１
106 Alizada et al. 2021
107 詳細はNakai 2022。本件に関しては日本のジャーナリストの仕事にも、興味深いものがあり（国末２０２０、三木２０２２）、具体的な事例に関心がある読者はそちらも参照されたい。
108 Orbán 2014
109 Agarin & Nakai 2021
110 Eifert et al. 2010
111 Flesken 2018
112 Michelitch 2015

113 Whitaker & Giersch 2015

114 中井・東島２０１２、Higashijima & Nakai 2016

115 Nakai 2018、中井２０１９

116 ベル２０２１

117 蒲島・境家２０２０、田辺２０２１

参考文献リスト

Abramowitz, Alan I. and Kyle L. Saunders (2008) "Is Polarization a Myth?" *The Journal of Politics*, 70(2): 542-555.

Agarin, Timofey and Ryo Nakai (2021) "Political dejection in a divided society: a challenge for Latvia's democracy?" *Journal of Baltic Studies*, 52(4): 521-546.

[Akedo] 明戸隆浩（２０２１）「分極化時代におけるイデオロギー研究の射程」『応用社会学研究』63: 57-75

Alizada, Nazifa, Rowan Cole, Lisa Gastaldi, Sandra Grahn, Sebastian Hellmeier, Palina Kolvani, Jean Lachapelle, Anna Lührmann, Seraphine F. Maerz, Shreeya Pillai, and Staffan I. Lindberg. (2021). *Autocratization Turns Viral. Democracy Report 2021.* University of Gothenburg: V-Dem Institute.

[Amiya] 網谷龍介（２０２１）「「左翼政党は〝エリートのための党〟になった」は本当か？ その問題を考えるための「様々な前提」」現代ビジネスウェブサイト、2021,09,04.
https://gendai.media/articles/-/86900

[Arai & Kume] 荒井紀一郎・久米郁男（２０２１）「野党共闘で「現実路線」化」『読売新聞』２０２１年10月28日、朝刊24面

Ariely, Gal (2012a) "Globalization, Immigration and National Identity: How the level of globalization affects the relationship between nationalism, constructive patriotism, and attitude toward immigrants?" *Group Processes &*

Intergroup Relations, 15(4): 539-557.

Ariely, Gal (2012b) “Do those who identify with their nation always dislike immigrants?: An examination of citizenship policy effects”, *Nationalism and Ethnic Politics*, 18(2): 242-261.

[Asahi Shimbun] 朝日新聞（２０２２）「(朝日・東大谷口研究室共同調査）参院選候補者、読み解くと」朝日新聞web版、２０２２年６月24日５時00分

Ashton, Michael C., Henry A. Danso, Gregory R. Maio, Victoria M. Esses, Michael H. Bond, and Doris Keung (2005) “Two Dimensions of Political Attitudes and Their Individual Difference Correlates: A Cross-Cultural Perspective,” in Richard M. Sorrentino, Dov Cohen, James M. Olson, and Mark P. Zanna eds. *Cultural and Social Behavior: The Ontario Symposium Volume 10*, Routledge: 1-30.

Beattie, Peter, Rong Chen, and Karim Bettache (2021) “When Left Is Right and Right Is Left: The Psychological Correlates of Political Ideology in China” *Political Psychology*, 43(3): 457-488.

[Bell] ベル、ダンカン（馬路智仁・古田拓也・上村剛訳２０２１）「リベラリズムとは何か」『思想』2021.4,No.1164, 7-46.

Betz, Hans-Georg, and Susi Meret (2012) “Right-wing Populist Parties and the Working-Class Vote: What Have You Done for Us Lately?” In J. Rydgren (Ed.), *Class Politics and the Radical Right* (pp. 107-121).

Bieber, Florian (2020) *Debating Nationalism: The Global Spread of Nations*, Bloomsbury Academic.

[Bobbio] ボッビオ、ノルベルト（片桐薫・片桐圭子訳１９９７）『右と左：政治的区別の理由と意味』御茶の水書房

Bornschier, Simon (2010) “The New Cultural Divide and the Two-Dimensional Political Space in Western Europe” *West European Politics*, 33(3): 419-444.

Boxell, Levi, Matthew Gentzkow, and Jesse M. Shapiro (2020) “Cross-Country Trends in Affective Polarization,” NBER Working Papers 26669, National Bureau of Economic Research, Inc.

[Brady] ブレイディみかこ（２０２１）『女たちのポリティクス　台頭する世界の女性政治家たち』幻冬舎

Chandra, Kanchan ed. (2012) *Constructivist Theories of Ethnic Politics*, Oxford University Press.

Cochrane, Christopher (2010) “Left/Right Asymmetries in a Multidimensional Universe: Citizens, Activists, and Parties” PhD Dissertation, University of Toronto.

Cochrane, Christopher (2015) *Left and Right: The Small World of Political Ideas*, McGill-Queen’s University Press.

Conversi, D., and Hau, M. F. (2021) “Green nationalism: Climate action and environmentalism in left nationalist parties”, *Environmental Politics*, 30(7): 1089–1110. DOI: 10.1080/09644016.2021.1907096

Csergő, Zsuzsa and James M. Goldgeier (2004) “Nationalist Strategies and European Integration”, *Perspectives on Politics*, 2(1): 21-37.

Dalton, Russell J. and Christopher J. Anderson (2011) *Citizens, Context, and Choice: How Context Shapes Citizens' Electoral Choices*, Oxford University Press.

Dempster, Michael (2020) "For Right-wing LGBT Israelis, There Are Two Closets to Come Out Of" Haaretz.com Sep. 1. 2020.

https://www.haaretz.com/israel-news/2020-09-01/ty-article/.premium/for-right-wing-lgbt-israelis-there-are-two-closets-to-come-out-of/0000017f-dba2-df9c-a17f-ffba097e0000

de Figueiredo R. and Elkins Z. (2003) "Are patriots bigots? An inquiry into the vices of in-group pride." *American Journal of Political Science*, 47:171–188.

de Vries, Catherine, E., Armen Hakhverdian, and Bram Lancee (2013) "The Dynamics of Voters' Left/Right Identification: The Role of Economic and Cultural Attitudes," *Political Science Research and Method*, 1(2): 223-238.

Duriez, Bart, Alain Van Hiel, and Malgorzata Kossowska (2005) "Authoritarianism and Social Dominance in Western and Eastern Europe: The Importance of the Sociopolitical Context and of Political Interest and Involvement" *Political Psychology*, 26 (2): 299-320.

Eifert, Benn, Edward Miguel, and Daniel N. Posner (2010) "Political Competition and Ethnic Identification in Africa." *American Journal of Political Science*, 54 (2): 494-510.

[Endoh & Jou] 遠藤晶久、ウィリー・ジョウ（２０１９）『イデオロギーと日本政治——世代で異なる「保守」と「革新」』新泉社

[Eriksen] エリクセン、トーマス・ハイランド著（鈴木清史訳２００６）『エスニシティとナショナリズム：人類学的視点から』明石書店

Escandell, Xavier and Alin M. Ceobanu (2010) “Comparative Analyses of Public Attitudes Toward Immigrants and Immigration Using Multinational Survey Data: A Review of Theories and Research” Annual Review of Sociology, 36: 309-328.

Eysenck, Hans J. (1957) *Sense and Nonsense in Psychology*, Penguin Books.

Feldman, Stanley (2013) “Political Ideology,” in Leonie Huddy, David O. Sears, and Jack S. Levy eds. *The Oxford Handbook of Political Psychology (2 ed.)*, Oxford University Press. 591-626.

Feldman, Stanley and Christopher Johnston (2014) “Understanding the Determinants of Political Ideology: Implications of Structural Complexity” *Political Psychology*, 35(3): 337-358.

Flesken, Anaid (2018) “Ethnic Parties, Ethnic Tensions? Results of an Original Election Panel Study” *American Journal of Political Science*, 62(4): 967-981.

[Freeden] フリーデン、マイケル（山岡龍一監訳、寺尾範野・森達也訳２０２１）『リベラリズムとは何か』筑摩書房

Freude, Leon and Núria Vergés Bosch (2019) "Homonationalism in Europe? A Quantitative Comparison of the Values of Europeans," *Sexuality & Culture*, 24: 1292–1314.

Fuchs, Dieter and Hans-Dieter Klingemann (1990) "7, The Left-Right Schema," in M. Kent Jennings and Jan W.Van Deth eds. *Continuities in Political Action: A Longitudinal Study of Political Orientations in Three Western Democracies*, De Gruyter. 203-234.

[Gelner] ゲルナー、アーネスト（加藤節監訳２０００）『民族とナショナリズム』岩波書店（Gelner, Ernest (1983)）

Gidron, Noam (2022) "Many Ways to be Right: Cross-Pressured Voters in Western Europe" *British Journal of Political Science*, 52 (1): 146-161.

Green, Eva G. T., Oriane Sarrasin, Nicole Fasel, and, Christian Staeklé (2011) "Nationalism and Patriotism as predictors of immigration attitudes in Switzerland: A municipality-level analysis," *Swiss Political Science Review*, 17(4): 369-393.

[Haidt] ハイト、ジョナサン（高橋洋訳２０１４）『社会はなぜ左と右にわかれるのか―対立を超えるための道徳心理学』紀伊國屋書店

Hainmueller, Jens and Daniel J. Hopkins (2015) "The Hidden American Immigration Consensus: A Conjoint Analysis of Attitudes toward Immigrants" *American Journal of Political Science*, 59(3): 529-548.

Halikiopoulou, Daphne, and Sofia Vasilopoulou eds. (2011) *Nationalism and Globalisation: Conflicting or Complementary?*, Routledge.

Halikiopoulou, Daphne, Kyriaki Nanou, and Sofia Vasilopoulou (2012) "The paradox of nationalism: The common denominator of radical right and radical left euroscepticism" *European Journal of Political Research*, 51(4): 504-539.

Harris, Erika (2009) *Nationalism: Theories and Cases*, Edinburgh University Press.

[Hata] 秦正樹（２０２０）「「右でも左でもない普通の日本人」を自認する人ほど、陰謀論を信じやすかった…!」現代ビジネス、2020.12.03 https://gendai.media/articles/-/77698

[Hata & Song] 秦正樹、Song Jaehyun（２０２０）「争点を束ねれば「イデオロギー」になる?」『年報政治学』71(1)：58-81

Hechter, Michael (2000) *Containing Nationalism*, Oxford University Press.

Heywood, Andrew (2018) *Essentials of Political Ideas*, Palgrave

Heywood, Andrew (2021) *Political Ideologies: An Introduction (seventh edition)*, Red Globe Press.

Higashijima, Masaaki and Ryo Nakai (2016) "Elections, ethnic parties, and ethnic identification in new democracies: Evidence from the Baltic States" *Studies in Comparative International Development*, 51(2): 124-146.

Hjerm, Mikael (1998a) "Reconstructing "positive" nationalism: evidence from Norway and Sweden" *Sociological*

Research Online, 3(2): 21-35.

Hjerm, Mikael (1998b) "National identities, national pride and xenophobia: A comparison of four Western countries" *Acta Sociologica*, 41(4): 335-347.

[Hobsbawm] ホブズボーム、エリック著（浜林正夫・嶋田耕也・庄司信訳２００１）『ナショナリズムの歴史と現在』大月書店

Hooghe, Liesbet, Gary Marks, and Carole J. Wilson. (2002) "Does Left/Right Structure Party Positions on European Integration?" *Comparative Political Studies*, 35(8): 965–989.

Hooghe, Liesbet and Gary Marks (2018) "Cleavage theory meets Europe's crises: Lipset, Rokkan, and the transnational cleavage", *Journal of European Public Policy*, 25(1): 109-135, DOI: 10.1080/13501763.2017.1310279

Huber, John and Ronald Inglehart (1995) "Expert Interpretations of Party Space and Party Locations in 42 Societies," *Party Politics*, 1(1): 73-111.

Huddy, Leonie, and Nadia Khatib (2007) "American Patriotism, National Identity, and Political Involvement" *American Journal of Political Science*, 51(1): 63-77.

[Ignatieff] イグナティエフ、マイケル（幸田敦子訳１９９６）『民族はなぜ殺し合うのか：新ナショナリズム６つの旅』河出書房新社

Inglehart, Ronald (1977) *The Silent Revolution: Changing Values and Political Styles among Western Publics*, Princeton University Press.

Ip, Greg (2017) “We are not the World” The Wall Street Journal, Jan 6 2017. https://www.wsj.com/articles/we-arent-the-world-1483728161

[Itoh] 伊藤理史（２０１９）「政治参加：ナショナリズムはどのように影響するのか」田辺俊介編著『日本人は右傾化したのか』勁草書房

Jahn, Detlef (2011) “Conceptualizing left and right in comparative politics: Towards a deductive approach” *Party Politics*, 17(6): 745–765.

Jahn, Detlef (2022) “The Changing Relevance and Meaning of Left and Right in 34 Party Systems from 1945 to 2020” *Comparative European Politics*, 21: 308-332.

Johnston, Christopher D. (2011) “The Motivated Formation of Economic Preferences” PhD Dissertation, Stony Brook University.

Jost, John T., Jack Glaser, Arie W. Kruglanski, and Frank J. Sulloway (2003) “Political Conservatism as Motivated Social Cognition,” *Psychological Bulletin*, 129(3): 339-375.

Jost, John T., Christopher M. Federico, and Jaime L. Napier (2009) “Political Ideology: Its Structure, Functions, and

Elective Affinities," *Annual Review of Psychology*, 60: 307-337.

Jost, John T. (2021) *Left and Right: The Psychological Significance of a Political Distinction*, Oxford University Press.

[Kabashima & Sakaiya] 蒲島郁夫・境家史郎（２０２０）『政治参加論』東京大学出版会

[Karube] 苅部直（２０２１）「【開局記念】苅部直×河野有理：丸山眞男をひっぱたかない？【論壇チャンネルことのは開局記念対談第3弾①】」論壇チャンネル「ことのは」、Youtube、２０２１年10月19日

https://www.youtube.com/watch?v=h_-ktQjHzi0&t=0s

Kenny, John and Peter Egge Langsæther (2022) "Environmentalism as an independent dimension of political preferences," *European Journal of Political Research*, online first.

[Kimura] 木村幹（２０２２）「アイデンティティとイデオロギーとしての反共主義」『国際協力論集』30巻、31-52

Kitschelt, Herbert and Anthony J. McGann (1995) *The Radical Right in Western Europe: A Comparative Analysis*, University of Michigan Press.

Kleiner, Tuuli-Marja and Reinhold Melcher (2020) "The Relation between Moral Attitudes and Political Identity," in Niels Noergaard Kristensen ed. *Political Identity and Democratic Citizenship in Turbulent Times*, IGI Global: 203-229.

Kohn, Hans(1944) The Idea of Nationalism: A Study in its Origins and Background, McMillan

Kosterman, Rick and Seymour Feshbach (1989) “Toward a Measure of Patriotic and Nationalistic Attitudes” *Political Psychology*, 10(2): 257-274.

[Kunisue] 国末憲人（２０１８）「フランスで吹き荒れる「黄色いベスト」、彼らはどこから来たのか、調査で見えてきた」The Asahi Shimbun GLOBE+, 2018.12.12.

https://globe.asahi.com/article/12004260

[Kunisue] 国末憲人（２０２０）「世界が無視できない「権威主義的ポピュリズム」、こんな人たちが支えている」The Asahi Shinbun GLOBE+, 2020.01.26.

Kustov, Alexander (2021) “Borders of Compassion: Immigration Preferences and Parochial Altruism,” *Comparative Political Studies*, 54(3/4): 445-481.

[Kymlicka] キムリッカ、ウィル（岡崎晴輝他訳２００２）『現代政治理論』日本経済評論社

Kwon, Ronald, William J. Scarborough, and Caroline Taylor (2023) “Multidimensional attitudes: Homonationalist and selective tolerance toward homosexuality and Muslim migration across 21 Countries,” Ethnicities, 23(2): 331-366.

Lancaster, Caroline M. (2020) “Not So Radical After All: Ideological Diversity Among Radical Right Supporters and Its Implications” *Political Studies*, 68(3): 600-616.

Lancaster, Caroline M. (2022) “Value Shift: Immigration Attitudes and the Sociocultural Divide,” *British Journal of Political Science*, 52(1): 1-20.

Lefkofridi, Zoe and Elie Michel (2017) “The electoral politics of solidarity : the welfare agendas of radical right parties”, in Keith Banting and Will Kymlicka (eds.), *The strains of commitment : the political sources of solidarity in diverse societies*, Oxford University Press, 233-267

Linz, Juan J. and Alfred Stepan (1992) The Exit from Communism “Political Identities and Electoral Sequences: Spain, the Soviet Union, and Yugoslavia”. *Daedalus*, 121(2): 123–139. doi:10.2307/20025436

Malešević, Siniša (2013) *Nation-States and Nationalisms*, Polity.

Malešević, Siniša (2019) *Grounded Nationalisms: A Sociological Analysis*, Cambridge University Press. https://doi.org/10.1017/9781108589451

Malloy, T. H. (2009) “Minority Environmentalism and Eco-Nationalism in the Baltics: Green Citizenship in the Making?” *Journal of Baltic Studies*, 40(3): 375–395.

Marks, Gary, Liesbet Hooghe, Moira Nelson, and Erica Edwards (2006) “Party Competition and European Integration in the East and West: Different Structure, Same Causality” *Comparative Political Studies*, 39(2): 155-175.

[Matsutani, et al.] 松谷満他（２０２２）『「国際化と市民の政治参加に関する世論調査２０２１」調査報告書（速報：

ＷＥＢ版）』

McAdams, Dan P., Michelle Albaugh, Emily Farber, Jennifer Daniels, Regina L. Logan, and Brad Olson (2008) "Family Metaphors and Moral Intuitions: How Conservatives and Liberals Narrate Their Lives" *Journal of Personality and Social Psychology*, 95 (4): 978-990.

Michelitch, Kristin (2015) "Does Electoral Competition Exacerbate Interethnic or Interpartisan Economic Discrimination? Evidence from a Field Experiment in Market Price Bargaining" *American Political Science Review*, 109(1): 43-61.

[Miki] 三木幸治（２０２２）『迷える東欧：ウクライナの民が向かった国々』毎日新聞出版

[Miller] ミラー、デイヴィッド（富沢克・長谷川一年・施光恒・竹島博之訳２００７）『ナショナリティについて』風行社

[Miwa] 三輪洋文（２０１４）「現代日本における争点態度のイデオロギー的一貫性と政治的洗練――Converse の呪縛を超えて――」『年報政治学』65(1)：148-174

[Miwa] 三輪洋文（２０１８）『科学研究費助成事業　研究成果報告書　信念体系の形成過程――右翼的権威主義・社会的支配傾向・政治的社会化』

[Mogi] 茂木誠（２０２０）『世界の今を読み解く「政治思想マトリックス」』ＰＨＰ研究所

[Moriyama] 森山至貴（２０１７）『ＬＧＢＴを読みとく――クィア・スタディーズ入門』筑摩書房

Mylonas, Harris and Maya Tudor (2023) *Varieties of Nationalism*, Cambridge University Press.

[Nagata] 永田大輔（２０１３）「日本型雇用と「職の競合」をめぐる排外感情――「外国人労働者に関する意識調査アンケート」を素材として」小林真生編著『レイシズムと外国人嫌悪』明石書店、182-198

Nagayoshi, Kikuko and Mikael Hjerm (2015) "Anti-immigration attitudes in different welfare states: Do types of labor market policies matter?" *International Journal of Comparative Sociology*, 56(2): 141-162.

[Nakai & Higashijima] 中井遼・東島雅昌（２０１２）「新興民主主義国におけるナショナル・アイデンティティの変化――選挙と民族政党による効果」『アジア経済』53(4): 69-93

Nakai, Ryo (2018) "Does Electoral Proximity Enhance National Pride? Evidence from Monthly Surveys in a Multi-ethnic Society – Latvia" *Studies in Ethnicity and Nationalism*, 18(3): 198-220.

[Nakai] 中井遼（２０１９）「選挙と政党政治はどのようなナショナリズムを強めるのか――ラトヴィア総選挙前後サーベイ調査から――」『日本比較政治学会年報』21: 107-134

[Nakai] 中井遼（２０２２）「政治的左右と価値観の相関――欧州社会調査と世界価値観調査のシュワルツ価値理論設問を用いた国際比較――」『北九州市立大学法政論集』49(3/4)：313-350

Nakai, Ryo (2022) "The democratic backsliding paradigm in enlarged European Union countries: In-depth analysis of V-Dem indicators" *Frontiers in Political Science*, doi: 10.3389/fpos.2022.966472

Nakai, Ryo (2023) "Nationalism and Nature: An Empirical Survey Analysis of Environmental Nationalism" Paper presented at IPSA Colloquium 2023 at Queen's University Belfast 2023 May 31- June 2.

[Nawata] 縄田健悟（２０２２）『暴力と紛争の〝集団真理〟――いがみ合う世界への社会心理学からのアプローチ』ちとせプレス

Norris, Pippa (2011) *Democratic Deficit: Critical Citizens Revisited*, Cambridge Univesity Press.

[Nussbaum] ヌスバウム、マーサ（辰巳伸知・能川元一訳２０００）『国を愛するということ――愛国主義の限界をめぐる論争』人文書院

[Oguma] 小熊英二（２００２）『〈民主〉と〈愛国〉――戦後日本のナショナリズムと公共性』新曜社

Orbán, Viktor (2014) Viktor Orbán's speech at the XXV. Bálványos Free Summer University and Youth Camp, 26th July, 2014., Băile Tuşnad.

[Oshimura] 押村高（２００２）「Y・タミール『リベラル・ナショナリズム』」大澤真幸編『ナショナリズム論の名著50』平凡社、440-449

Petrik, Andreas (2010) "Core Concept "Political Compass": How Kitschelt's Model of Liberal, Socialist, Libertarian and Conservative Orientations Can Fill the Ideology Gap in Civic Education," *Journal of Social Science Education*,

9(4): 45-62.

[Piketty] ピケティ、トマ（山形浩生・森本正史訳２０２３）『資本とイデオロギー』みすず書房

Posocco, L., and Watson, I. (2022) "Nationalism and environmentalism: The case of Vauban", *Nations and Nationalism* 28(4): 1193–1211.

Piurko, Yuval, Shalom H. Schwartz, and Eldad Davidov (2011) "Basic Personal Values and the Meaning of Left-Right Political Orientations in 20 Countries," *Political Psychology*, 32(4): 537-561.

Powers, Kathlees E. (2022) *Nationalisms in International Politics*, Princeton University Press.

Rapp, C (2018) "National Attachments and the Immigrant Participation Gap" *Journal of Ethnic and Migration Studies*, 1-23.

Rovny, Jan (2019) "The 'Brahmin left' vs the 'Merchant right': A comment on Thomas Piketty's new book" LSE EUROPP Blog, September 16th, 2019. https://blogs.lse.ac.uk/europpblog/2019/09/16/the-brahmin-left-vs-the-merchant-right-a-comment-on-thomas-pikettys-new-book/

Rustow, Dankwart A. (1970) "Transition to Democracy: Toward a Dynamic Model" *Comparative Politics*, 2(3): 337-363.

[Sakamoto] 坂本治也（２０２１）「愛国心が強いほど「政治参加する」のか？ 調査から見えた「意外な結果」：右派・左派がともに知っておくべきこと」現代ビジネス、2021.11.20. https://gendai.media/articles/-/89394

[Shiokawa] 塩川伸明（２００８）『民族とネイション：ナショナリズムという難問』岩波書店

[Shirakawa] 白川俊介（２０２２）「ナショナリティの政治哲学序説：「人と人との共生」のための規範理論の構築に向けて」『総合政策研究』64: 95-100

[Shogimen] 将基面貴巳（２０２２）『愛国の起源：パトリオティズムはなぜ保守思想となったのか』筑摩書房

Shulman, Stephen (2002) "Challenging the Civic/Ethnic and West/East Dichotomies in the Study of Nationalism," *Comparative Political Studies*, 35(5): 554-585.

Sides, John and Jack Citrin (2007) "European Opinion about Immigration: The Role of Identities, Interests and Information" *British Journal of Political Science*, 37(3): 477-504.

[Smith] スミス、アントニー・Ｄ（庄司信訳２０１８）『ナショナリズムとは何か』筑摩書房（Smith, Anthony D.）

Smith, Graham (1996) "The Ethnic Democracy Thesis and the Citizenship Question in Estonia and Latvia" *Nationalities Papers*, 24(2): 199-216.

Spierings, Niels, Marcel Lubbers, and Andrej Zaslove (2017) "'Sexually Modern Nativist Voters': Do they exist and do they vote for the populist radical right?" Gender and Education, 29(2): 216-237

Spierings, Niels and Saskia Glas (2021) "Green or Gender-Modern Nativists: Do They Exist and Do They Vote for Right-Wing Populist Parties?" *Australian Feminist Studies*, 36(110): 448-468.

Tamir, Yael (1993) *Liberal Nationalism*, Princeton University Press.

[Tanabe] 田辺俊介（２０１１）「ナショナリズム――その多元性と多様性」田辺俊介編著『外国人へのまなざしと政治意識：社会調査で読み解く日本のナショナリズム』勁草書房、21-42

[Tanabe] 田辺俊介編著（２０１１）『外国人へのまなざしと政治意識：社会調査で読み解く日本のナショナリズム』勁草書房

[Tanabe] 田辺俊介（２０１６）「現代日本におけるナショナリズムと政治――時点／国際比較による実証研究」JSPS科研費基盤研究（B）成果報告書

[Tanabe] 田辺俊介編著（２０１９）『日本人は右傾化したのか：データ分析で実像を読み解く』勁草書房

[Tanabe] 田辺俊介（２０２１）「現代日本社会におけるナショナリズムの類型とその担い手――時点間の差異に着目した計量分析」『社会学年報』62: 127-142.

[Tanaka] 田中拓道（２０２０）『リベラルとは何か：17世紀の自由主義から現代日本まで』中央公論新社

Taniguchi, Hiromi (2021) "National identity, cosmopolitanism, and attitudes toward immigrants", *International Sociology*, 36(6): 819-843.

[Tsuda] 津田正太郎（２０１６）『ナショナリズムとマスメディア：連帯と排除の相克』勁草書房

Tudor, Maya and Dan Slater (2021) "Nationalism, Authoritarianism, and Democracy: Historical Lessons from South and Southeast Asia" *Perspectives on Politics*, 19(3): 706-722.

[Uemura] 植村和秀（２０１４）『ナショナリズム入門』講談社

Vit, Michal (2017) "Central Europe and the Rise of Nationalism: The Case of the Czech Republic," *Colección Monografias CIDOB* (2017): 67-74.

Weber, Eugen (1976) *Peasants into Frenchmen: The Modernization of Rural France, 1870-1914*, Stanford University Press.

Weber, Henri (2000) *La Gauche Expliquée à Mes Filles*, Seuil.

Whitaker, Beth E. and Jason Giersch (2015) "Political Competition and Attitudes towards Immigration in Africa" *Journal of Ethnic and Migration Studies*, 41(10): 1536-1557.

Winter-Levy, Sam and Nikita Lalwani (2018) "When is nationalism a good thing? When it unites an ethnically diverse citizenry" The Washington Post, June 26, 2018. https://www.washingtonpost.com/news/monkey-cage/wp/2018/06/26/when-is-nationalism-a-good-thing-when-it-unites-an-ethnically-diverse-citizenry/

Zakharov, Alexei V. (2015) "The Importance of Economic Issues in Politics: A Cross-country Analysis," working paper at Higher School of Economics. February 27. https://www.hse.ru/mirror/pubs/share/219394677

[Zimmer] ジマー、オリヴァー（福井憲彦訳２００９）『ナショナリズム：1890－1940』岩波書店

中井遼（なかいりょう）

東京大学先端科学技術研究センター教授、博士（政治学）。早稲田大学助手、立教大学助教、北九州市立大学准教授等を経て2024年より現職。主な著作に Europeanization and Minority Political Agency: Lessons from Central and Eastern Europe（Routledge、分担執筆）、『デモクラシーと民族問題』（勁草書房）、サントリー学芸賞を受賞した『欧州の排外主義とナショナリズム』（新泉社）など。

ナショナリズムと政治《せいじ》意識《いしき》

「右《みぎ》」「左《ひだり》」の思《おも》い込《こ》みを解《と》く

2024年5月30日初版1刷発行

著　者 —— 中井遼
発行者 —— 三宅貴久
装　幀 —— アラン・チャン
印刷所 —— 堀内印刷
製本所 —— 国宝社
発行所 —— 株式会社光文社
東京都文京区音羽1-16-6（〒112-8011）
https://www.kobunsha.com/
電　話 —— 編集部03(5395)8289　書籍販売部03(5395)8116
制作部03(5395)8125
メール —— sinsyo@kobunsha.com

 ISBN 978-4-334-10323-1

光文社新書

1300

〈共働き・共育て〉世代の本音
新しいキャリア観が社会を変える

本道敦子　山谷真名
和田みゆき

当事者インタビューで明らかになった、〈共働き・共育て〉を志向するミレニアル世代の本音、そして子育て中の男性の苦悩。当事者、そして企業が取るべき対策とは？【解説・佐藤博樹】

978-4-334-10249-4

1301

子ども若者抑圧社会・日本
社会を変える民主主義とは何か

室橋祐貴

変化の激しい時代に旧来の価値観で政治が行われ、閉塞感が漂う日本。先進諸国で若い政治リーダーが台頭している中、なぜ日本だけ変われないのか？若者が参加できる民主主義を示す。

978-4-334-10250-0

1302

子どものこころは大人と育つ
アタッチメント理論とメンタライジング

篠原郁子

ボウルビィが提唱したアタッチメント（愛着）は、子どもにとって重要なすべての大人との間に形成されうる。心で心を思うこと《メンタライジング》をベースに、アタッチメント理論をわかりやすく解説する。

978-4-334-10251-7

1303

頭上運搬を追って
失われゆく身体技法

三砂ちづる

今の日本では失われつつある身体技法「頭上運搬」。沖縄や伊豆諸島ほか日本各地や海外にその記憶と痕跡を訪ねる。生活や労働を支えた身体技法と、自らの身体への理解や意識を考察。

978-4-334-10252-4

1304

定点写真で見る　東京今昔

鷹野晃

江戸・明治・大正・昭和――。東京はいかに変貌したのか。東京を撮り続けて40年の写真家が、「定点写真」という手法を用いて破壊と創造の首都を徹底比較。写真451点収録！

978-4-334-10253-1

1305
バッタを倒すぜ　アフリカで
前野 ウルド 浩太郎

世界中を飛び回り、13年にわたって重ねてきたフィールドワークと実験は、バッタの大発生を防ぐ可能性を持っていた！　新書大賞受賞、25万部突破の『バッタを倒しにアフリカへ』続編。

978-4-334-10290-6

1306
中日ドラゴンズが優勝できなくても愛される理由
喜瀬雅則

2年連続最下位でも視聴率と観客動員は好調。なぜ順位と人気は相関しないのか？　優勝の可能性は？　立浪監督はじめ多くのOBや関係者への取材を基にしたドラゴンズ論の決定版。

978-4-334-10291-3

1307
ダーウィンの進化論はどこまで正しいのか？
進化の仕組みを基礎から学ぶ
河田雅圭

『種の起源』刊行から一五〇年以上がたった今、人類は進化の仕組みをどれほど明らかにしてきたのか。世に流布する進化の誤解も解きほぐしながら、進化学の最前線を丁寧に解説する。

978-4-334-10292-0

1308
中高生のための「探究学習」入門
テーマ探しから評価まで
中田亨

仮説を持て、さらば与えられん！　アイデアの生み出し方、調査や実験の進め方、結果のまとめと成果発信、安全や倫理等を具体的にガイド。研究者の卵や大人にも探究の面白さを伝える。

978-4-334-10293-7

1309
世界の富裕層は旅に何を求めているか
「体験」が拓くラグジュアリー観光
山口由美

旅に大金を投じる世界の富裕層が求めるものは？　彼らの旅のスタンダードとは？　近年のラグジュアリー観光を概観し、安心や快適さではない、彼らが求める「本物の体験」を描き出す。

978-4-334-10294-4